DEN KOMPLETTE HANUKKA FERIEKOKEBOKEN

En festlig kokebok for å feire lysfesten. 100 deilige oppskrifter for tradisjonelle og moderne Hannukah-måltider, snacks og desserter

Noah Kaldefoss

INNHOLDSFORTEGNELSE

KONKLUSJON 262

INTRODUKSJON

Velkommen til DEN KOMPLETTE HANNUKAH FERIEKOKEBOKEN, den ultimate kokeboken for å feire lysfesten! Hannukah er en tid for familie, venner og deilig mat, og denne kokeboken har alt du trenger for å lage minneverdige måltider og godbiter som vil glede dine kjære.

I denne kokeboken finner du et bredt utvalg av tradisjonelle og moderne Hannukah-oppskrifter, fra klassiske latkes og brisket til kreative vendinger på tradisjonelle favoritter som sufganiyot (gelédonuts) og challah. Enten du er en erfaren kokk eller en nybegynner på kjøkkenet, er disse oppskriftene enkle å følge og vil hjelpe deg å lage deilige Hannukah-måltider, snacks og desserter som alle vil elske.

Men DEN KOMPLETTE HANNUKAH FERIEKOKEBOKEN er mer enn bare en kokebok – det er en feiring av jødisk kultur og tradisjon. Gjennom hele boken vil du lære om historien og betydningen til Hannukah, samt historiene og tradisjonene som gjør denne høytiden så spesiell.

Så enten du leter etter inspirasjon til Hannukah-menyen eller bare ønsker å lære mer om denne elskede ferien, er DEN KOMPLETTE HANNUKAH FERIEKOKEBOKEN den perfekte følgesvennen. La oss lage mat og feire lysfestivalen med stil!

Hannukah, Festival of Lights, kokebok, tradisjonell, moderne, oppskrifter, latkes, brisket, sufganiyot, challah, jødisk kultur, tradisjon, høytid, meny, inspirasjon, feiring.

1. Eplemos Brødkake

Utbytte: 16 porsjoner

INGREDIENSER

- 1/2 kopp valnøtter (hakket)
- 1 1/2 kopp eplemos
- 1 egg
- 1 kopp sukker
- 2 ss olje
- 1 ts vaniljeekstrakt
- 2 kopper mel (alle formål)
- 2 ts natron
- 1/2 ts kanel (kvernet)
- 1/2 ts muskatnøtt (malt)
- 1 kopp rosiner

BRUKSANVISNING

a) Vask hendene godt med såpe og varmt vann.

b) Forvarm ovnen til 350 grader. Smør 2 (8x4x2 tommer) brødformer.

c) Rist valnøtter i en usmurt stekepanne. Rør under oppvarming på middels lav varme i 5-7 minutter. De er ferdige når de er brune og lukter nøtteaktig. Sett til side til avkjøling.

d) Bland eplemos, egg, sukker, olje og vanilje i en stor bolle.

e) Bland mel, natron, kanel og muskatnøtt sammen i en mindre bolle.

f) Hell melblandingen i eplemosblandingen.

g) Rør inn rosiner og avkjølte ristede nøtter.

h) Hell halvparten av røren i hver smurt form. Stek i 45-55 minutter.

i) Ta kakene ut av ovnen. Avkjøl i 10 minutter. Fjern fra panner for å fullføre avkjøling. For best smak, la kakene avkjøles noen timer før servering.

2. Biff og kål til middag

Utbytte: 4 porsjoner

INGREDIENSER

- 1 grønnkålhode (vasket og kuttet i små biter)
- 1 løk, medium (hakket)
- 1 pund kjøttdeig, magert (15 % fett)
- non-stick matlagingsspray
- 1 ts hvitløkspulver
- 1/4 ts sort pepper
- salt (etter smak, valgfritt)
- røde pepperflak (etter smak, valgfritt)

BRUKSANVISNING

a) Hakk kål og løk, sett til side.

b) Stek kjøttdeigen på middels varme i en stor panne til den er brun. Tøm fettet. Sett biff til side.

c) Spray pannen med non-stick matlagingsspray. Stek løk på middels varme til den er myk.

d) Tilsett kål til løken og stek til kålen begynner å bli brun.

e) Rør storfekjøttet inn i kål- og løkblandingen.

f) Smak til med hvitløkspulver, salt (valgfritt) og pepper. Tilsett røde pepperflak (valgfritt) i kålen hvis du liker den krydret.

3. Brokkoli risgryte

Utbytte: 12 porsjoner

INGREDIENSER

- 1 1/2 kopp ris
- 3 1/2 kopper vann
- 1 løk (middels, hakket)
- 1 boks krem med sopp, eller kylling, eller selleri eller ostesuppe (10 3/4 unse, kondensert)
- 1 1/2 kopp melk (1%)
- 20 gram brokkoli eller blomkål eller blandede grønnsaker (frosset, hakket)
- 1/2 pund ost (revet eller i skiver)
- 3 ss magarine (eller smør)

BRUKSANVISNING

a) Forvarm ovnen til 350 grader og smør på 12x9x2 tommers bakeplate.
b) Bland ris, salt og 3 kopper vann i en kjele og kok opp.
c) Dekk til og la det småkoke i 15 minutter. Fjern kjelen fra varmen og sett til side i ytterligere 15 minutter.
d) Fres løk i margarin (eller smør) til den er mør.
e) Bland suppe, melk, 1/2 kopp vann, løk og ris. Hell blandingen i en bakeplate.
f) Tin og renn av grønnsakene og fordel deretter over risblandingen.
g) Fordel osten jevnt over toppen og stek ved 350 grader i 25-30 minutter til osten er smeltet og risen er boblende.

4. Røde linser Latkes

Utbytte: 4 porsjoner

INGREDIENSER

- 1/2 kopp tørre røde linser
- 1 potet, middels revet (ca 1/2 pund, skrell er valgfritt)
- 1 stort egg
- 1 hvitløksfedd, finskåret
- 2 ss parmesanost, revet eller annen ost
- 1 dash varm saus (1-2 dasher, valgfritt)
- 1/4 ts salt
- svart pepper (etter smak, valgfritt)
- 2 ss rapsolje (eller olivenolje, til matlaging)

BRUKSANVISNING

a) Tilsett linsene i en middels gryte og tilsett vann for å dekke med omtrent en tomme. Kok opp, senk deretter varmen til en la det småkoke og kok til den er mør, ca 15 minutter. Tøm og sett til side.

b) I mellomtiden fjerner du overflødig vann fra poteten: du kan enten klemme den med en håndfull, eller legge hele haugen på et rent kjøkkenhåndkle og vri den ut.

c) Knekk egget i en middels bolle og pisk det lett. Tilsett potet, kokte linser, hvitløk, grønn løk og ost og varm saus hvis du bruker dem i en middels bolle. Tilsett salt og en god kverning av sort pepper, og rør til det er blandet.

d) Varm opp en stor stekepanne over middels varme, og tilsett deretter en sjenerøs klatt olje (1-2 ss). Arbeid i omganger, for ikke å fylle pannen, tilsett klumper av potet-linseblandingen (omtrent på størrelse med en golfball eller litt større fungerer bra), og flat ut hver så snart den er i pannen, slik at de blir ca. en halv tomme tykk.

e) Stek i ca 4-5 minutter på hver side, til latkene er dypt gyldenbrune og gjennomstekt. Tilsett litt mer olje i pannen for hver ekstra batch. Server umiddelbart eller hold latkene varme i en ovn på 200°F i opptil en time.

5. Spinatpotetpannekaker

Utbytte: 4 porsjoner

INGREDIENSER

- 2 kopper zucchini, strimlet
- 1 potet, middels (skrelt og strimlet)
- 1/4 kopp løk, finhakket
- 1/4 ts salt
- 1/4 kopp fullkornshvetemel
- 1 1/2 kopp spinat, hakket og dampet
- 1/2 ts pepper
- 1/4 ts malt muskatnøtt
- 1 egg, pisket
- eplemos (valgfritt)

BRUKSANVISNING

a) Kombiner de første åtte ingrediensene i en bolle.

b) Rør inn egg og bland godt.

c) Slipp røren med 1/4 kopper på en godt smurt varm takke og flat ut til kjøttboller.

d) Stek til de er gyldenbrune; snu og stek til den andre siden er lett brunet. Hell av på tørkepapir og server med eplemos, om ønskelig.

6. Hel hvete hvitløksbrødpinner

Utbytte: 6 porsjoner

INGREDIENSER:
- 6 brødskiver (100 % full hvete)
- 2 ss olivenolje
- 1/2 ts hvitløkspulver
- 1 italiensk krydder (etter behov, til å strø på)

BRUKSANVISNING
a) Smør hver brødskive med en teskje olje.
b) Dryss over hvitløkspulver og italiensk krydder.
c) Stable brød og skjær hver skive i 3 like deler.
d) Stek på 300 grader i ca 25 minutter eller til de er sprø og lett brunet.

7. Hannukah løkringer

INGREDIENSER:

- 3 store løk
- 1 kopp maismel
- 1 kopp mel
- 2 ts salt
- 1 kopp yoghurt
- 1 kopp melk
- Malt pepper
- Olje til steking

BRUKSANVISNING

a) I en stor gryte, varm ca ¾" olje til 350 ° F. Kombiner melken og yoghurten i en liten bolle. Kombiner maismel, mel, salt og pepper i en annen bolle.

b) Skjær løken i skiver og skille ringene. Bløtlegg ringene i melke- og yoghurtblandingen i noen minutter.

c) Deretter må du mudre begge sider gjennom melblandingen og bruke en tang til å plassere ringer i oljen. Kok ringene til de er akkurat gylne.

d) Fjern til et papirhåndkle og hold varm i 200 ° F ovn.

8. Hjemmelaget rømme

INGREDIENSER:
- ¼ kopp melk
- 1 kopp tung krem
- ¾ teskjeer destillert hvit eddik

BRUKSANVISNING
a) Bland sammen melk og eddik og la stå i 10 minutter. Hell den tunge kremen i en krukke.
b) Rør inn melkeblandingen, dekk til glasset og la stå i romtemperatur i 24 timer.
c) Avkjøl før bruk.

9. Orange-salvie olivenoljekake

INGREDIENSER:
KAKE:
- 4 egg
- 1 kopp sukker
- ½ kopp ekstra virgin olivenolje
- ¼ kopp appelsinjuice
- 2 ss appelsinskall
- 1 ss finhakket fersk salvie
- 1 ½ kopper allsidig mel
- 1 ss bakepulver
- ½ teskje salt
- ½ ts kanel

APPELSISIS:
- 1 kopp melis
- 2 ss appelsinjuice

BRUKSANVISNING

a) Forvarm ovnen til 350 ° F og smør 1 stor brødform. I en stavmikser, pisk eggene med sukkeret i 2 minutter, til blandingen er luftig. Med mikseren på lavt, drypp på olivenolje og appelsinjuice. Vend inn appelsinskallet og salviebladene.

b) I en separat miksebolle kombinerer du mel, bakepulver, salt og kanel.

c) Tilsett den tørre blandingen til det våte i mikseren og kjør til en jevn blanding.

d) Hell røren i brødformen. Stek kaken i 30-35 minutter. Sett kaken til side i 15 minutter i formen og overfør den deretter til en rist for å avkjøles helt.

e) I en miksebolle, visp sammen melis og appelsinjuice. Når kaken er avkjølt, drypp med glasuren og sett til side til glasuren har stivnet.

10. Enkel Sufganiyot

INGREDIENSER:

- En rull kjøpt kjeksdeig
- Canolaolje, til steking
- Liten bolle med sukker, hvitt eller pulverisert
- ½ kopp syltetøy Olje

BRUKSANVISNING

a) La deigen stå i romtemperatur i 20 minutter, så er den lett å kjevle ut.

b) Kjevle ut deigen på en melet overflate til den er ½" tykk. Klipp ut 2 ½" eller 3" sirkler.

c) Fyll en gryte med 2" olje og varm den til 360 ° F.

d) Stek deigen til hver side er dyp brun. Test en for å sikre at de ikke er deigete i midten. Overfør smultringene til et papirhåndkle, klapp av overflødig fett og strø med sukker.

e) Fyll med syltetøy ved hjelp av en klemflaske.

11. <u>Hannukah Gelt Fudge</u>

INGREDIENSER

- 3 kopper halvsøte sjokoladebiter
- 1 boks søtet kondensert melk
- 1 ts vanilje
- ¼ teskje salt

BRUKSANVISNING

a) Kombiner sjokoladebiter og kondensert melk i bollen og varm i mikrobølgeovnen i 1 minutt.

b) Rør til det er glatt. Hvis det kreves mer tid, fortsett oppvarmingen i mikrobølgeovnen i trinn på 10 sekunder.

c) Tilsett vanilje og salt og rør. Fordel i en tallerken dekket med vokset papir. Avkjøl i ½ time. Skjær fudge i ønskede former og pakk inn i folie.

d) Avkjøl fudgen til den skal spises.

12.   Bakt spinat og ost

INGREDIENSER

- Nonstick matlagingsspray
- 2 hele egg pluss 2 eggehviter
- ¾ kopp melk
- 3 skiver daggammelt lyst brød, kuttet i små trekanter
- 1 kopp fersk spinat, finhakket
- ½ kopp revet parmesanost

BRUKSANVISNING

a) Forvarm ovnen til 350 ° F. Kle bunnen av en 8" springform med bakepapir og spray med nonstick-spray. I en middels bolle, visp eggene og eggehvitene til de er skummende.

b) Tilsett melk, spinat og ost. Rør for å blande. Hell i den forberedte pannen.

c) Senk de tørkede brødtrekantene i blandingen. Etter at de er belagt med blandingen, hever du ett punkt av hvert stykke med en gaffel slik at de titter ut på toppen.

d) Stek uten lokk til de er lett brune, ca 20-30 minutter.

e) Ta ut av ovnen og avkjøl. Løsne kantene ved å skjære rundt utsiden med en kniv. Ta ut av pannen og legg på en varmefast plate.

13.   <u>Butter Mint Cookies</u>

INGREDIENSER

- 1 kopp smør, myknet
- ½ kopp konditorsukker
- 1 ½ ts peppermynteekstrakt
- 1 ¾ kopper universalmel
- Grønnfarget sukker

BRUKSANVISNING

a) I en stor bolle, fløt smør og konditorsukker til det er lett og luftig. Pisk inn ekstrakt. Tilsett mel gradvis og bland godt. Rull spiseskjeer med deig til kuler.

b) Plasser 1" fra hverandre på usmurte bakeplater; flat med et glass dyppet i farget sukker. Stek ved 350 ° F i 12-14 minutter eller til den er stiv.

c) Fjern til rist for å avkjøles. Utbytte: 3 dusin.

14. Stekt søtpotet og ferske fiken

Gjør: 4

INGREDIENSER

- 4 små søtpoteter (2¼ lb / 1 kg totalt)
- 5 ss olivenolje
- 3 ss / 40 ml balsamicoeddik (du kan bruke en kommersiell i stedet for en premium-lagret klasse)
- 1½ ss / 20 g superfint sukker
- 12 grønne løk, halvert på langs og kuttet i 1½-in / 4 cm segmenter
- 1 rød chili, i tynne skiver
- 6 modne fiken (8½ oz / 240 g totalt), delt i kvarte
- 5 oz / 150 g myk geitost (valgfritt)
- Maldon havsalt og nykvernet sort pepper

BRUKSANVISNING

a) Forvarm ovnen til 475°F / 240°C.

b) Vask søtpotetene, halver dem på langs, og skjær deretter hver halvdel igjen på samme måte i 3 lange skiver. Bland med 3 ss olivenolje, 2 ts salt og litt sort pepper. Fordel kilene utover med skinnsiden ned på en bakeplate og stek i ca 25 minutter, til de er myke, men ikke grøtete. Ta ut av ovnen og la den avkjøles.

c) For å gjøre balsamicoreduksjonen, legg balsamicoeddik og sukker i en liten kjele. Kok opp, reduser deretter varmen og la det småkoke i 2 til 4 minutter, til det tykner. Pass på å fjerne kjelen fra varmen når eddiken fortsatt er renere enn honning; den vil fortsette å tykne mens den avkjøles. Rør inn en dråpe vann før servering hvis den blir for tykk til å dryppe.

d) Anrett søtpotetene på et serveringsfat. Varm opp den gjenværende oljen i en middels gryte over middels varme og tilsett grønnløk og chili. Stek i 4 til 5 minutter, rør ofte for å sikre at du ikke brenner chilien. Hell olje, løk og chili over søtpotetene. Prikk fikenene mellom kilene og ringle deretter over balsamicoreduksjonen. Server ved romtemperatur. Smuldre osten over toppen, hvis du bruker.

15.   <u>Na'ama er fet</u>

Gjør: 6

INGREDIENSER

- 1 kopp / 200 g gresk yoghurt og ¾ kopp pluss 2 ss / 200 ml helmelk, eller 1⅔ kopper / 400 ml kjernemelk (erstatter både yoghurt og melk)
- 2 store gamle tyrkiske flatbrød eller naan (9 oz / 250 g totalt)
- 3 store tomater (13 oz / 380 g totalt), kuttet i ⅔-tommers / 1,5 cm terninger
- 3½ oz / 100 g reddiker, i tynne skiver
- 3 libanesiske eller mini-agurker (9 oz / 250 g totalt), skrellet og hakket i 1,5 cm store terninger
- 2 grønne løk, i tynne skiver
- ½ oz / 15 g fersk mynte
- 1 oz / 25 g flatbladpersille, grovhakket
- 1 ss tørket mynte
- 2 fedd hvitløk, knust
- 3 ss ferskpresset sitronsaft
- ¼ kopp / 60 ml olivenolje, pluss ekstra til å dryppe på
- 2 ss cider eller hvitvinseddik
- ¾ ts nykvernet sort pepper
- 1½ ts salt
- 1 ss sumac eller mer etter smak, til pynt

BRUKSANVISNING

a) Hvis du bruker yoghurt og melk, start minst 3 timer og opptil en dag i forveien med å ha begge deler i en bolle. Visp godt og la stå på et kjølig sted eller i kjøleskapet til det dannes bobler på overflaten. Det du får er en slags hjemmelaget kjernemelk, men mindre syrlig.

b) Riv brødet i passe biter og legg i en stor miksebolle. Tilsett din fermenterte yoghurtblanding eller kommersielle kjernemelk, etterfulgt av resten av ingrediensene, bland godt og la stå i 10 minutter for alle smakene å kombinere.

c) Hell fattoushen i serveringsboller, drypp over litt olivenolje og pynt rikelig med sumac.

16. Babyspinatsalat med dadler og mandler

Gjør: 4

INGREDIENSER

- 1 ss hvitvinseddik
- ½ middels rødløk, i tynne skiver
- 3½ oz / 100 g pitted Medjool dadler, delt i kvarte på langs
- 2 ss / 30 g usaltet smør
- 2 ss olivenolje
- 2 små pitaer, ca. 3½ oz / 100 g, grovt revet i 1½-tommers / 4 cm biter
- ½ kopp / 75 g hele usaltede mandler, grovhakkede
- 2 ts sumac
- ½ ts chileflak
- 5 oz / 150 g babyspinatblader
- 2 ss ferskpresset sitronsaft
- salt

BRUKSANVISNING

a) Ha eddik, løk og dadler i en liten bolle. Tilsett en klype salt og bland godt med hendene. La marinere i 20 minutter, tøm deretter av rester av eddik og kast.

b) Varm i mellomtiden smøret og halvparten av olivenoljen i en middels stekepanne på middels varme. Tilsett pita og mandler og kok i 4 til 6 minutter, rør hele tiden, til pitaen er sprø og gyllenbrun. Fjern fra varmen og bland inn sumac, chiliflak og ¼ teskje salt. Sett til side til avkjøling.

c) Når du er klar til servering, sleng spinatbladene med pitablandingen i en stor miksebolle. Tilsett dadler og rødløk, den resterende olivenoljen, sitronsaften og en annen klype salt. Smak til krydder og server umiddelbart.

17. Stekt aubergine med stekt løk

Gjør: 4

INGREDIENSER

- 2 store auberginer, halvert på langs med stilken på (ca. 1⅔ lb / 750 g totalt)
- ⅔ kopp / 150 ml olivenolje
- 4 løk (omtrent 1¼ lb / 550 g totalt), i tynne skiver
- 1½ grønn chili
- 1½ ts malt spisskummen
- 1 ts sumac
- 1¾ oz / 50 g fetaost, delt i store biter
- 1 middels sitron
- 1 fedd hvitløk, knust
- salt og nykvernet sort pepper

BRUKSANVISNING

a) Forvarm ovnen til 425°F / 220°C.

b) Skjær snittsiden av hver aubergine med et kryssmønster. Pensle snittsidene med 6½ ss / 100 ml av oljen og dryss rikelig med salt og pepper. Legg på en bakeplate med snittsiden opp og stek i ovnen i ca 45 minutter til kjøttet er gyllenbrunt og helt gjennomstekt.

c) Mens auberginene steker, tilsett den resterende oljen i en stor stekepanne og sett over høy varme. Tilsett løken og ½ ts salt og stek i 8 minutter, rør ofte, slik at deler av løken blir skikkelig mørk og sprø. Frø og hakk chilien, hold den hele atskilt fra den halve. Tilsett malt spisskummen, sumak og hele hakkede chili og kok i ytterligere 2 minutter før du tilsetter fetaen. Kok i et siste minutt, uten å røre mye, og fjern deretter fra varmen.

d) Bruk en liten tagget kniv til å fjerne skallet og marven av sitronen. Grovhakk kjøttet, kast frøene, og legg kjøttet og eventuell juice i en bolle med den resterende ½ chilien og hvitløken.

e) Sett sammen retten så snart auberginene er klare. Overfør de stekte halvdelene til et serveringsfat og hell sitronsausen over fruktkjøttet. Varm opp løken litt og skje over. Server varm eller sett til side for å få romtemperatur.

18. Stekt butternut squash med za'atar

Gjør: 4

INGREDIENSER

- 1 stor butternut squash (2½ lb / 1,1 kg totalt), kuttet i ¾ x 2½-tommers / 2 x 6 cm kiler
- 2 rødløk, kuttet i 1¼-tommers / 3 cm kiler
- 3½ ss / 50 ml olivenolje
- 3½ ss lett tahinipasta
- 1½ ss sitronsaft
- 2 ss vann
- 1 lite fedd hvitløk, knust
- 3½ ss / 30 g pinjekjerner
- 1 ss za'atar
- 1 ss grovhakket flatbladpersille
- Maldon havsalt og nykvernet sort pepper

BRUKSANVISNING

a) Forvarm ovnen til 475°F / 240°C.

b) Ha squash og løk i en stor miksebolle, tilsett 3 ss olje, 1 ts salt og litt sort pepper og bland godt. Fordel på et bakepapir med skinnet ned og stek i ovnen i 30 til 40 minutter, til grønnsakene har fått litt farge og er gjennomstekt. Hold øye med løkene, da de kan koke raskere enn squashen og må fjernes tidligere. Ta ut av ovnen og la avkjøle.

c) For å lage sausen, legg tahini i en liten bolle sammen med sitronsaft, vann, hvitløk og ¼ teskje salt. Visp til sausen har konsistens som honning, tilsett mer vann eller tahini om nødvendig.

d) Hell de resterende 1½ ts olje i en liten stekepanne og sett på middels lav varme. Tilsett pinjekjernene sammen med ½ ts salt og kok i 2 minutter, rør ofte, til nøttene er gyldenbrune. Fjern fra varmen og overfør nøttene og oljen til en liten bolle for å stoppe kokingen.

e) For å servere, fordel grønnsakene på et stort serveringsfat og ringle over tahinien. Dryss pinjekjernene og oljen på toppen, etterfulgt av za'atar og persille.

19. Fava Bean Kuku

Gjør: 6

INGREDIENSER

- 1 lb / 500 g favabønner, ferske eller frosne
- 5 ss / 75 ml kokende vann
- 2 ss superfint sukker
- 5 ss / 45 g tørkede berberbær
- 3 ss tung krem
- ¼ ts safran tråder
- 2 ss kaldt vann
- 5 ss olivenolje
- 2 mellomstore løk, finhakket
- 4 fedd hvitløk, knust
- 7 store frittgående egg
- 1 ss universalmel
- ½ ts bakepulver
- 1 kopp / 30 g dill, hakket
- ½ kopp / 15 g mynte, hakket
- salt og nykvernet sort pepper

BRUKSANVISNING

a) Forvarm ovnen til 350°F / 180°C. Ha favabønnene i en panne med rikelig med kokende vann. La småkoke i 1 minutt, renne av, oppdater under kaldt vann og sett til side.

b) Hell de 5 ss / 75 ml kokende vannet i en middels bolle, tilsett sukkeret og rør for å løse opp. Når denne sirupen er lunken, tilsett berberiene og la dem stå i ca. 10 minutter, og tøm.

c) Kok opp fløte, safran og kaldt vann i en liten kjele. Fjern umiddelbart fra varmen og sett til side i 30 minutter for å trekke.

d) Varm 3 ss olivenolje over middels varme i en 10-tommers / 25 cm nonstick, ildfast stekepanne som du har lokk på. Tilsett løken og stek i ca. 4 minutter, rør av og til, tilsett deretter hvitløken og stek og rør i ytterligere 2 minutter. Rør inn favabønnene og sett til side.

e) Pisk eggene godt i en stor miksebolle til de er skummende. Tilsett mel, bakepulver, safrankrem, urter, 1½ ts salt og ½ ts pepper og visp godt. Rør til slutt inn berberiene og favabønnene og løkblandingen.

f) Tørk av stekepannen, tilsett resten av olivenoljen og sett i ovnen i 10 minutter for å varmes godt opp. Hell eggeblandingen i den varme pannen, dekk til med lokket og stek i 15 minutter. Ta av lokket og stek i ytterligere 20 til 25 minutter, til eggene akkurat har stivnet. Ta den ut av ovnen og la den hvile i 5 minutter, før den vendes over på et serveringsfat. Serveres varm eller i romtemperatur.

Rå artisjokk- og urtesalat

20. Rå artisjokk & urtesalat

Gjør: 2

INGREDIENSER

- 2 eller 3 store jordskokker (1½ lb / 700 g totalt)
- 3 ss ferskpresset sitronsaft
- 4 ss olivenolje
- 2 kopper / 40 g ruccola
- ½ kopp / 15 g revne mynteblader
- ½ kopp / 15 g revne korianderblader
- 1 oz / 30 g pecorino toscano eller romano ost, tynt barbert
- Maldon havsalt og nykvernet sort pepper

BRUKSANVISNING

a) Forbered en bolle med vann blandet med halvparten av sitronsaften. Fjern stilken fra 1 artisjokk og trekk av de seige ytre bladene. Når du når de mykere, bleke bladene, bruk en stor, skarp kniv til å skjære over blomsten slik at du sitter igjen med den nederste fjerdedelen. Bruk en liten, skarp kniv eller en grønnsaksskreller for å fjerne de ytre lagene av artisjokken til bunnen, eller bunnen, er synlig. Skrap ut den hårete "choken" og legg basen i det surde vannet. Kast resten, og gjenta med de andre artisjokkene.

b) Tøm artisjokkene og tørk med tørkepapir. Bruk en mandolin eller en stor, skarp kniv, skjær artisjokkene i papirtynne skiver og ha over i en stor miksebolle. Klem over den resterende sitronsaften, tilsett olivenolje og bland godt til belegg. Du kan la artisjokken stå i opptil et par timer hvis du vil, i romtemperatur. Når du er klar til servering, tilsett ruccola, mynte og koriander til artisjokken og smak til med en sjenerøs ¼ ts salt og rikelig med nykvernet sort pepper.

c) Rør forsiktig og legg på serveringsfat. Pynt med pecorinosponene.

21. Blandet bønnesalat

Gjør: 4

INGREDIENSER

- 10 oz / 280 g gule bønner, trimmet (hvis ikke tilgjengelig, dobbel mengde grønne bønner)
- 10 oz / 280 g grønne bønner, trimmet
- 2 røde paprika, kuttet i ¼-tommers / 0,5 cm strimler
- 3 ss olivenolje, pluss 1 ts til paprikaene
- 3 fedd hvitløk, i tynne skiver
- 6 ss / 50 g kapers, skyllet og klappet tørr
- 1 ts spisskummen frø
- 2 ts korianderfrø
- 4 grønne løk, i tynne skiver
- ⅓ kopp / 10 g estragon, grovhakket
- ⅔ kopp / 20 g plukkede kjørvelblader (eller en blanding av plukket dill og strimlet persille)
- revet skall av 1 sitron
- salt og nykvernet sort pepper

BRUKSANVISNING

a) Forvarm ovnen til 450°F / 220°C.

b) Kok opp en stor panne med mye vann og tilsett de gule bønnene. Etter 1 minutt, tilsett de grønne bønnene og kok i ytterligere 4 minutter, eller til bønnene er gjennomkokte, men fortsatt sprø. Oppdater under iskaldt vann, tøm, tørk og legg i en stor miksebolle.

c) I mellomtiden, sleng paprikaene i 1 ts av oljen, fordel på et bakepapir og sett i ovnen i 5 minutter, eller til de er møre. Ta ut av ovnen og legg i bollen med de kokte bønnene.

d) Varm de 3 ss olivenolje i en liten kjele. Tilsett hvitløken og stek i 20 sekunder; tilsett kapers (forsiktig, de spytter!) og stek i ytterligere 15 sekunder. Tilsett spisskummen og korianderfrøene og fortsett å steke i ytterligere 15 sekunder. Hvitløken skal ha blitt gylden nå. Fjern fra varmen og hell innholdet i kjelen umiddelbart over bønnene. Kast og tilsett grønnløk, urter, sitronskall, en sjenerøs ¼ ts salt og sort pepper.

e) Server, eller oppbevar i kjøleskap i opptil et døgn. Bare husk å bringe tilbake til romtemperatur før servering.

22. Sitronholdige purrekjøttboller

Gjør: 4 SOM STARTER

INGREDIENSER

- 6 store trimmede purre (ca. 1¾ lb / 800 g totalt)
- 9 oz / 250 g kjøttdeig
- 1 kopp / 90 g brødsmuler
- 2 store frittgående egg
- 2 ss solsikkeolje
- ¾ til 1¼ kopper / 200 til 300 ml kyllingkraft
- ⅓ kopp / 80 ml ferskpresset sitronsaft (ca. 2 sitroner)
- ⅓ kopp / 80 g gresk yoghurt
- 1 ss finhakket flatbladpersille
- salt og nykvernet sort pepper

BRUKSANVISNING

a) Skjær purren i ¾-tommers / 2 cm skiver og damp dem i ca. 20 minutter, til de er helt myke. Tøm av og la det avkjøles, og klem deretter ut eventuelt gjenværende vann med et kjøkkenhåndkle. Bearbeid purren i en foodprosessor ved å pulsere noen ganger til den er godt hakket, men ikke grøtaktig. Legg purren i en stor miksebolle, sammen med kjøtt, brødsmuler, egg, 1¼ ts salt og 1 ts sort pepper. Form blandingen til flate bøffer, omtrent 7 x 2 cm – dette bør gjøre 8. Sett i kjøleskap i 30 minutter.

b) Varm oljen over middels høy varme i en stor, tykkbunnet stekepanne som du har lokk til. Stek patties på begge sider til de er gyldenbrune; dette kan gjøres i partier om nødvendig.

c) Tørk av pannen med et papirhåndkle og legg deretter kjøttbollene på bunnen, litt overlappende om nødvendig. Hell over nok kraft til å nesten, men ikke helt dekke karbonadene. Tilsett sitronsaft og ½ ts salt. Kok opp, dekk til og la det småkoke i 30 minutter. Ta av lokket og kok i noen minutter til, om nødvendig, til nesten all væsken er fordampet. Ta kjelen av varmen og sett til side for avkjøling.

d) Server kjøttbollene akkurat varme eller i romtemperatur, med en klatt av yoghurten og et dryss av persille.

23. <u>Hannukah</u>Kohlrabi salat

Gjør: 4

INGREDIENSER
- 3 mellomstore kålrabier (1⅔ lb / 750 g totalt)
- ⅓ kopp / 80 g gresk yoghurt
- 5 ss / 70 g rømme
- 3 ss mascarponeost
- 1 lite fedd hvitløk, knust
- 1½ ts ferskpresset sitronsaft
- 1 ss olivenolje
- 2 ss finstrimlet fersk mynte
- 1 ts tørket mynte
- ca 12 kvister / 20 g babybrønnkarse
- ¼ ts sumak
- salt og hvit pepper

BRUKSANVISNING
a) Skrell kålrabien, kutt i terninger på 1,5 cm og ha i en stor miksebolle. Sett til side og lag dressingen.

b) Ha yoghurt, rømme, mascarpone, hvitløk, sitronsaft og olivenolje i en middels bolle. Tilsett ¼ ts salt og en sunn maling av pepper og visp til det er glatt. Tilsett dressingen til kålrabien, etterfulgt av frisk og tørket mynte og halvparten av brønnkarsen.

c) Rør forsiktig, og legg deretter på et serveringsfat. Prikk den resterende brønnkarsen på toppen og dryss med sumac.

24. <u>Rotgrønnsakssalat med labneh</u>

Gjør: 6

INGREDIENSER

- 3 mellomstore rødbeter (1 lb / 450 g totalt)
- 2 mellomstore gulrøtter (9 oz / 250 g totalt)
- ½ sellerirot (10 oz / 300 g totalt)
- 1 middels kålrabi (9 oz / 250 g totalt)
- 4 ss ferskpresset sitronsaft
- 4 ss olivenolje
- 3 ss sherryeddik
- 2 ts superfint sukker
- ¾ kopp / 25 g korianderblader, grovhakket
- ¾ kopp / 25 g mynteblader, strimlet
- ⅔ kopp / 20 g flatbladede persilleblader, grovhakket
- ½ ss revet sitronskall
- 1 kopp / 200 g labneh (kjøpt ellerse oppskrift)
- salt og nykvernet sort pepper
- Skrell alle grønnsakene og skjær dem i tynne skiver, ca 1/16 liten varm chili, finhakket

BRUKSANVISNING

a) Ha sitronsaft, olivenolje, eddik, sukker og 1 ts salt i en liten kjele. La det småkoke og rør til sukkeret og saltet har løst seg opp. Fjern fra varmen.

b) Tøm grønnsaksstrimlene og overfør til et papirhåndkle for å tørke godt. Tørk bollen og bytt ut grønnsakene. Hell den varme dressingen over grønnsakene, bland godt og la det avkjøles. Sett i kjøleskapet i minst 45 minutter.

c) Når du er klar til servering, tilsett urter, sitronskall og 1 ts sort pepper til salaten. Rør godt, smak til og tilsett mer salt om nødvendig. Legg på serveringsfat og server med litt labneh ved siden av.

25. Stekte tomater med hvitløk

Gjør: 2 til 4

INGREDIENSER
- 3 store fedd hvitløk, knust
- ½ liten varm chili, finhakket
- 2 ss hakket flatbladpersille
- 3 store, modne, men faste tomater (omtrent 450 g totalt)
- 2 ss olivenolje
- Maldon havsalt og nykvernet sort pepper
- rustikk brød til servering

BRUKSANVISNING
a) Bland hvitløk, chili og hakket persille i en liten bolle og sett til side. Topp tomatene og skjær dem vertikalt i skiver ca. 1,5 cm tykke.

b) Varm oljen i en stor stekepanne på middels varme. Tilsett tomatskivene, smak til med salt og pepper, og stek i ca 1 minutt, vend så, krydre igjen med salt og pepper, og strø over hvitløksblandingen. Fortsett å steke i et minutt til, rist pannen av og til, snu skivene igjen og stek i noen sekunder til, til de er myke, men ikke grøtaktige.

c) Vend tomatene over på et serveringsfat, hell over saften fra pannen og server umiddelbart sammen med brødet.

26. Purerte rødbeter med yoghurt og za'atar

Gjør: 6

INGREDIENSER

- 2 lb / 900 g medium rødbeter (ca. 1 lb / 500 g totalt etter koking og skrelling)
- 2 fedd hvitløk, knust
- 1 liten rød chili, frøsådd og finhakket
- avrundet 1 kopp / 250 g gresk yoghurt
- 1½ ss daddelsirup
- 3 ss olivenolje, pluss ekstra for å fullføre retten
- 1 ss za'atar
- salt
- Å GARNERE
- 2 grønne løk, i tynne skiver
- 2 ss / 15 g ristede hasselnøtter, grovknust
- 2 oz / 60 g myk geitemelk ost, smuldret

BRUKSANVISNING

a) Forvarm ovnen til 400°F / 200°C.

b) Vask rødbetene og legg i en stekepanne. Sett dem i ovnen og stek uten lokk til en kniv lett glir inn i midten, ca 1 time. Når de er kjølige nok til å håndtere, skrell rødbetene og kutt hver i ca 6 biter. La det avkjøles.

c) Ha rødbeter, hvitløk, chili og yoghurt i en foodprosessor og bland til en jevn pasta. Overfør til en stor miksebolle og rør inn daddelsirup, olivenolje, za'atar og 1 ts salt. Smak til og tilsett mer salt om du vil.

d) Ha blandingen over på en flat serveringsplate og bruk baksiden av en skje til å fordele den rundt tallerkenen. Strø grønn løk, hasselnøtter og ost på toppen og drypp til slutt med litt olje. Server ved romtemperatur.

27. Mangoldfritter

Gjør: 4 SOM STARTER

INGREDIENSER

- 14 oz / 400 g mangoldblader, hvite stilker fjernet
- 1 oz / 30 g flatbladpersille
- ⅔ oz / 20 g koriander
- ⅔ oz / 20 g dill
- 1½ ts revet muskatnøtt
- ½ ts sukker
- 3 ss universalmel
- 2 fedd hvitløk, knust
- 2 store frittgående egg
- 3 oz / 80 g fetaost, delt i små biter
- 4 ss / 60 ml olivenolje
- 1 sitron, kuttet i 4 skiver
- salt og nykvernet sort pepper

BRUKSANVISNING

a) Kok opp en stor kjele med saltet vann, tilsett mangold og la det småkoke i 5 minutter. Tøm bladene og klem dem godt til de er helt tørre. Ha i en foodprosessor sammen med urter, muskatnøtt, sukker, mel, hvitløk, egg, sjenerøs ¼ ts salt og litt sort pepper. Blits til den er jevn og brett deretter fetaen gjennom blandingen for hånd.

b) Hell 1 ss olje i en middels stekepanne. Plasser over middels høy varme og skje med en haugevis av blandingen for hver fritter. Trykk forsiktig ned for å få en 7 cm bred og 1 cm tykk kake. Du skal ha plass til ca 3 fritter om gangen. Stek fritterne i totalt 3 til 4 minutter, snu en gang til de har fått litt farge.

c) Overfør til papirhåndklær, hold deretter hver batch varm mens du koker den gjenværende blandingen, tilsett den gjenværende oljen etter behov. Server med en gang med sitronskivene.

28. Krydret kikerter og grønnsakssalat

Gjør: 4

INGREDIENSER

- ½ kopp / 100 g tørkede kikerter
- 1 ts natron
- 2 små agurker (10 oz / 280 g totalt)
- 2 store tomater (10½ oz / 300 g totalt)
- 8½ oz / 240 g reddiker
- 1 rød paprika, frø og ribbe fjernet
- 1 liten rødløk, skrelt
- ⅔ oz / 20 g korianderblader og stilker, grovhakket
- ½ oz / 15 g flatbladpersille, grovhakket
- 6 ss / 90 ml olivenolje
- revet skall av 1 sitron, pluss 2 ss juice
- 1½ ss sherryeddik
- 1 fedd hvitløk, knust
- 1 ts superfint sukker
- 1 ts malt kardemomme
- 1½ ts malt allehånde
- 1 ts malt spisskummen
- Gresk yoghurt (valgfritt)
- salt og nykvernet sort pepper

BRUKSANVISNING

a) Bløtlegg de tørkede kikertene natten over i en stor bolle med rikelig med kaldt vann og natron. Neste dag, tøm, legg i en stor kjele og dekk med vann som er dobbelt så stort som kikertene. Kok opp og la det småkoke, skum av eventuelt skum, i omtrent en time, til det er helt mørt, og hell deretter av.

b) Skjær agurk, tomat, reddik og pepper i terninger på 1,5 cm. skjær løken i ¼-tommers / 0,5 cm terninger. Bland alt sammen i en bolle med koriander og persille.

c) I en krukke eller lukkbar beholder blander du 5 ss / 75 ml av olivenolje, sitronsaft og -skall, eddik, hvitløk og sukker og blander godt til en dressing, og smak til med salt og pepper. Hell dressingen over salaten og vend lett.

d) Bland sammen kardemomme, allehånde, spisskummen og ¼ ts salt og fordel på en tallerken. Kast de kokte kikertene i krydderblandingen i noen omganger for å dekkes godt. Varm opp resten av olivenoljen i en stekepanne på middels varme og stek kikertene lett i 2 til 3 minutter, rist forsiktig i pannen slik at de koker jevnt og ikke fester seg. Holde varm.

e) Del salaten mellom fire tallerkener, legg den i en stor sirkel, og legg de varme krydrede kikertene på toppen, hold kanten av salaten klar. Du kan dryppe litt gresk yoghurt på toppen for å gjøre salaten kremet.

29. Chermoula Aubergine med Bulgur & Yoghurt

Gjør: 4 SOM HOVEDRETT

INGREDIENSER

- 2 fedd hvitløk, knust
- 2 ts malt spisskummen
- 2 ts malt koriander
- 1 ts chiliflak
- 1 ts søt paprika
- 2 ss finhakket konservert sitronskall (kjøpt i butikk else oppskrift)
- ⅔ kopp / 140 ml olivenolje, pluss ekstra til slutt
- 2 mellomstore auberginer
- 1 kopp / 150 g fin bulgur
- ⅔ kopp / 140 ml kokende vann
- ⅓ kopp / 50 g gylne rosiner
- 3½ ss / 50 ml varmt vann
- ⅓ oz / 10 g koriander, hakket, pluss ekstra til slutt
- ⅓ oz / 10 g mynte, hakket
- ⅓ kopp / 50 g grønne oliven, halvert
- ⅓ kopp / 30 g skivede mandler, ristet
- 3 grønne løk, hakket
- 1½ ss ferskpresset sitronsaft
- ½ kopp / 120 g gresk yoghurt
- salt

BRUKSANVISNING

a) Forvarm ovnen til 400°F / 200°C.

b) For å lage chermoula, bland sammen i en liten bolle hvitløk, spisskummen, koriander, chili, paprika, konservert sitron, to tredjedeler av olivenolje og ½ ts salt.

c) Skjær auberginene i to på langs. Skår kjøttet av hver halvdel med dype, diagonale skår på kryss og tvers, pass på at du ikke stikker hull i huden. Hell chermoulaen over hver halvdel, fordel den jevnt og legg på en bakeplate med snittsiden opp. Sett i ovnen og stek i 40 minutter, eller til auberginene er helt myke.

d) I mellomtiden legger du bulguren i en stor bolle og dekker med kokende vann.

e) Bløtlegg rosinene i varmt vann. Etter 10 minutter, tøm rosinene og tilsett dem i bulguren, sammen med den resterende oljen. Tilsett urter, oliven, mandler, grønn løk, sitronsaft og en klype salt og rør for å kombinere. Smak til og tilsett mer salt om nødvendig.

f) Server auberginene varme eller i romtemperatur. Legg ½ aubergine med kuttesiden opp på hver enkelt tallerken. Hell bulguren på toppen, la litt falle fra begge sider. Hell over litt yoghurt, dryss over koriander og avslutt med en klatt olje.

30. Stekt blomkål med tahini

Gjør: 6

INGREDIENSER

- 2 kopper / 500 ml solsikkeolje
- 2 medium hoder blomkål (2¼ lb / 1 kg totalt), delt i små buketter
- 8 grønne løk, hver delt inn i 3 lange segmenter
- ¾ kopp / 180 g lett tahinipasta
- 2 fedd hvitløk, knust
- ¼ kopp / 15 g flatbladpersille, hakket
- ¼ kopp / 15 g hakket mynte, pluss ekstra til slutt
- ⅔ kopp / 150 g gresk yoghurt
- ¼ kopp / 60 ml ferskpresset sitronsaft, pluss revet skall av 1 sitron
- 1 ts granateplemelasse, pluss ekstra til slutt
- ca ¾ kopp / 180 ml vann
- Maldon havsalt og nykvernet sort pepper

BRUKSANVISNING

a) Varm solsikkeoljen i en stor kjele plassert over middels høy varme. Bruk en metalltang eller en metallskje, legg forsiktig noen blomkålbuketter om gangen i oljen og kok dem i 2 til 3 minutter, snu dem slik at de får jevn farge. Når de er gyldenbrune, bruk en hullsleiv til å løfte bukettene opp i et dørslag for å renne av. Dryss over litt salt. Fortsett i omganger til du er ferdig med all blomkålen. Stek deretter grønnløken i porsjoner, men i bare ca. 1 minutt. Legg til blomkålen. La begge avkjøle seg litt.

b) Hell tahinipastaen i en stor miksebolle og tilsett hvitløk, hakkede urter, yoghurt, sitronsaft og -skall, granateplemelasse og litt salt og pepper. Rør godt med en tresleiv mens du tilsetter vannet. Tahinisausen vil tykne og deretter løsne når du tilsetter vann. Ikke tilsett for mye, akkurat nok til å få en tykk, men jevn, hellbar konsistens, litt som honning.

c) Tilsett blomkål og grønnløk i tahinien og rør godt. Smak til og juster krydderet. Det kan også være lurt å tilsette mer sitronsaft.

d) For å servere, skje i en serveringsbolle og avslutt med noen dråper granateplemelasse og litt mynte.

31. Stekt blomkål og hasselnøttsalat

Gjør: 2 TIL 4

INGREDIENSER

- 1 blomkålhode, delt i små buketter (1½ lb / 660 g totalt)
- 5 ss olivenolje
- 1 stor selleristilk, kuttet på skrå i ¼-tommers / 0,5 cm skiver (⅔ kopp / 70 g totalt)
- 5 ss / 30 g hasselnøtter, med skall
- ⅓ kopp / 10 g små flatbladede persilleblader, plukket
- ⅓ kopp / 50 g granateplefrø (fra ca. ½ middels granateple)
- sjenerøs ¼ ts malt kanel
- sjenerøs ¼ ts malt allehånde
- 1 ss sherryeddik
- 1½ ts lønnesirup
- salt og nykvernet sort pepper

BRUKSANVISNING

a) Forvarm ovnen til 425°F / 220°C.

b) Bland blomkålen med 3 ss olivenolje, ½ ts salt og litt sort pepper. Fordel utover i en langpanne og stek på øverste ovnsrille i 25 til 35 minutter, til blomkålen er sprø og deler av den har blitt gyldenbrun. Ha over i en stor miksebolle og sett til side for avkjøling.

c) Senk ovnstemperaturen til 325°F / 170°C. Fordel hasselnøttene på en stekeplate dekket med bakepapir og stek i 17 minutter.

d) La nøttene avkjøles litt, grovhakk dem og tilsett blomkålen sammen med den resterende oljen og resten av ingrediensene. Rør, smak til og smak til med salt og pepper. Server ved romtemperatur.

32.   A'ja (brødfritter)

Gjør: CA 8 FRITTER

INGREDIENSER

- 4 hvite brødskiver, skorper fjernet (3 oz / 80 g totalt)
- 4 ekstra store frittgående egg
- 1½ ts malt spisskummen
- ½ ts søt paprika
- ¼ ts kajennepepper
- 1 oz / 25 g gressløk, hakket
- 1 oz / 25 g flatbladpersille, hakket
- ⅓ oz / 10 g estragon, hakket
- 1½ oz / 40 g fetaost, smuldret
- solsikkeolje, til steking
- salt og nykvernet sort pepper

BRUKSANVISNING

a) Bløtlegg brødet i rikelig med kaldt vann i 1 minutt, og klem deretter godt.

b) Smuldre det bløtlagte brødet i en middels bolle, tilsett eggene, krydderne, ½ ts salt og ¼ ts pepper og visp godt. Bland inn hakkede urter og fetaost.

c) Varm 1 ss olje i en middels stekepanne over middels høy varme. Skje ca 3 ss av blandingen i midten av pannen for hver fritter og flat den ved hjelp av undersiden av skjeen; fritterne skal være ¾ til 1¼ tommer / 2 til 3 cm tykke. Stek fritterne i 2 til 3 minutter på hver side, til de er gyldenbrune. Gjenta med resten av røren. Du bør få ca 8 fritter.

d) Alternativt kan du steke all røren på en gang, slik du ville gjort en stor omelett. Skjær i skiver og server varm eller romtemperatur.

33. Krydret gulrotsalat

Gjør: 4

INGREDIENSER

- 6 store gulrøtter, skrellet (omtrent 1½ lb / 700 g totalt)
- 3 ss solsikkeolje
- 1 stor løk, finhakket (2 kopper / 300 g totalt)
- 1 ssPilpelchumaeller 2 ss harissa (kjøpt i butikk ellerse oppskrift)
- ½ ts malt spisskummen
- ½ ts karvefrø, nykvernet
- ½ ts sukker
- 3 ss cider eddik
- 1½ kopper / 30 g ruccolablader
- salt

BRUKSANVISNING

a) Legg gulrøttene i en stor kjele, dekk med vann og kok opp. Reduser varmen, dekk til og kok i ca 20 minutter til gulrøttene er så vidt møre. Tøm og, når den er avkjølt nok til å håndtere, kutt i ¼-tommers / 0,5 cm skiver.

b) Mens gulrøttene koker, varmer du opp halvparten av oljen i en stor stekepanne. Tilsett løken og stek på middels varme i 10 minutter, til den er gyldenbrun.

c) Ha den stekte løken i en stor miksebolle og tilsett pilpelchuma, spisskummen, karve, ¾ ts salt, sukker, eddik og den resterende oljen. Tilsett gulrøttene og bland godt. La stå i minst 30 minutter for at smakene skal modnes.

d) Anrett salaten på et stort fat, prikk med ruccola mens du går.

34. Hannukah Shakshuka

Gjør: 2 TIL 4

INGREDIENSER

- 2 ss olivenolje
- 2 ssPilpelchumaeller harissa (kjøpt i butikk ellerse oppskrift)
- 2 ts tomatpuré
- 2 store røde paprika, kuttet i terninger på 0,5 cm (2 kopper / 300 g totalt)
- 4 fedd hvitløk, finhakket
- 1 ts malt spisskummen
- 5 store, veldig modne tomater, hakket (5 kopper / 800 g totalt); hermetikk er også fine
- 4 store frittgående egg, pluss 4 eggeplommer
- ½ kopp / 120 g labneh (kjøpt ellerse oppskrift) eller tykk yoghurt
- salt

BRUKSANVISNING

a) Varm olivenolje i en stor stekepanne over middels varme og tilsett pilpelchuma eller harissa, tomatpuré, paprika, hvitløk, spisskummen og ¾ ts salt. Rør og stek på middels varme i ca 8 minutter for å la paprikaen bli myk. Tilsett tomatene, la det småkoke og kok i ytterligere 10 minutter til du har en ganske tykk saus. Smak til krydder.

b) Lag 8 små dipp i sausen. Knekk eggene forsiktig og hell hvert forsiktig i hver sin dip. Gjør det samme med eggeplommene. Bruk en gaffel til å virvle eggehvitene litt sammen med sausen, pass på at ikke plommene knekker. La det småkoke i 8 til 10 minutter til eggehvitene er stivnet, men plommene fortsatt er rennende (du kan dekke pannen med et lokk hvis du ønsker å fremskynde prosessen).

c) Fjern fra varmen, la stå i et par minutter for å sette seg, og hell deretter i individuelle tallerkener og server med labneh eller yoghurt.

35. Butternut Squash & Tahini pålegg

Gjør: 6 TIL 8

INGREDIENSER

- 1 veldig stor butternut squash (ca. 2½ lb / 1,2 kg), skrellet og kuttet i biter (7 kopper / 970 g totalt)
- 3 ss olivenolje
- 1 ts malt kanel
- 5 ss / 70 g lett tahinipasta
- ½ kopp / 120 g gresk yoghurt
- 2 små fedd hvitløk, knust
- 1 ts blandede svarte og hvite sesamfrø (eller bare hvite, hvis du ikke har svarte)
- 1½ ts daddelsirup
- 2 ss hakket koriander (valgfritt)
- salt

BRUKSANVISNING

a) Forvarm ovnen til 400°F / 200°C.

b) Fordel squashen i en middels langpanne. Hell over olivenolje og dryss på kanel og ½ ts salt. Bland godt sammen, dekk pannen godt med aluminiumsfolie og stek i ovnen i 70 minutter, rør en gang under tilberedningen. Ta ut av ovnen og la avkjøle.

c) Overfør squashen til en foodprosessor, sammen med tahini, yoghurt og hvitløk. Pulser grovt slik at alt blir kombinert til en grov pasta, uten at pålegget blir glatt; du kan også gjøre dette for hånd med en gaffel eller potetstapper.

d) Fordel butternuten i et bølgemønster over en flat tallerken og dryss over sesamfrø, ringle over sirupen, og avslutt med koriander, hvis du bruker.

36. Krydret bete-, purre- og valnøttsalat

INGREDIENSER

- 4 mellomstore rødbeter (⅓ lb / 600 g totalt etter koking og skrelling)
- 4 mellomstore purre, kuttet i 4-tommers / 10 cm segmenter (4 kopper / 360 g totalt)
- ½ oz / 15 g koriander, grovhakket
- 1¼ kopper / 25 g ruccola
- ⅓ kopp / 50 g granateplefrø (valgfritt)
- PÅKLEDNING
- 1 kopp / 100 g valnøtter, grovhakket
- 4 fedd hvitløk, finhakket
- ½ ts chileflak
- ¼ kopp / 60 ml cider eddik
- 2 ss tamarindvann
- ½ ts valnøttolje
- 2½ ss peanøttolje
- 1 ts salt

BRUKSANVISNING

a) Forvarm ovnen til 425°F / 220°C.

b) Pakk rødbetene inn enkeltvis i aluminiumsfolie og stek dem i ovnen i 1 til 1½ time, avhengig av størrelsen. Når den er tilberedt, bør du lett kunne stikke en liten kniv inn i midten. Ta ut av ovnen og sett til side til avkjøling.

c) Når de er avkjølt nok til å håndtere, skrell rødbetene, halver dem og kutt hver halvdel i 1 cm tykke kiler ved bunnen. Ha i en middels bolle og sett til side.

d) Plasser purren i en middels panne med saltet vann, kok opp og la det småkoke i 10 minutter, til den er akkurat kokt; det er viktig å småkoke dem forsiktig og ikke overkoke dem slik at de ikke faller fra hverandre. Tøm og oppdater under kaldt vann, bruk deretter en veldig skarp tagget kniv til å kutte hvert segment i 3 mindre biter og tørk. Ha over i en bolle, separer fra rødbetene og sett til side.

e) Mens grønnsakene koker, bland sammen alle ingrediensene til dressingen og la stå til siden i minst 10 minutter for alle smakene kommer sammen.

f) Fordel valnøttdressingen og korianderen likt mellom rødbetene og purren og vend forsiktig. Smak på begge og tilsett mer salt om nødvendig.

g) For å sette sammen salaten, fordel mesteparten av rødbetene på et serveringsfat, topp med litt ruccola, så mesteparten av purren, så resten av rødbetene, og avslutt med mer purre og ruccola. Dryss over granateplefrøene, hvis du bruker, og server.

37. <u>Forkullet okra med tomat</u>

Gjør: 2 SOM SIKKERHET

INGREDIENSER

- 10½ oz / 300 g baby eller veldig liten okra
- 2 ss olivenolje, pluss mer om nødvendig
- 4 fedd hvitløk, i tynne skiver
- ⅔ oz / 20 g konservert sitronskall (kjøpt ellerse oppskrift), kuttet i ⅜-tommers / 1 cm kiler
- 3 små tomater (7 oz / 200 g totalt), kuttet i 8 kiler, eller halverte cherrytomater
- 1½ ts hakket flatbladpersille
- 1½ ts hakket koriander
- 1 ss ferskpresset sitronsaft
- Maldon havsalt og nykvernet sort pepper

BRUKSANVISNING

a) Bruk en liten, skarp fruktkniv til å skjære okrabelgene, fjern stilken rett over belgen for ikke å eksponere frøene.

b) Sett en stor, tykkbunnet stekepanne over høy varme og la stå i noen minutter. Når den er nesten rødglødende, sleng i okraen i to omganger og tørrkok, rist pannen av og til, i 4 minutter per batch. Okrabelgene bør ha en og annen mørk blemme.

c) Ha all den forkullede okraen tilbake i pannen og tilsett olivenolje, hvitløk og konservert sitron. Stek i 2 minutter mens du rister pannen. Reduser varmen til middels og tilsett tomater, 2 ss vann, hakkede urter, sitronsaft og ½ ts salt og litt sort pepper. Rør alt forsiktig sammen, slik at tomatene ikke går i stykker, og kok videre i 2 til 3 minutter, til tomatene er gjennomvarme. Ha over til et serveringsfat, drypp over mer olivenolje, tilsett et dryss salt og server.

38. Brent aubergine med granateplefrø

Gjør: 4 SOM DEL AV EN MEZE-PLATE

INGREDIENSER

- 4 store auberginer (3¼ lb / 1,5 kg før tilberedning; 2½ kopper / 550 g etter brenning og tømning av kjøttet)
- 2 fedd hvitløk, knust
- revet skall av 1 sitron og 2 ss ferskpresset sitronsaft
- 5 ss olivenolje
- 2 ss hakket flatbladpersille
- 2 ss hakket mynte
- frø av ½ stort granateple (½ kopp / 80 g totalt)
- salt og nykvernet sort pepper

BRUKSANVISNING

a) Hvis du har en gasskomfyr, fôr basen med aluminiumsfolie for å beskytte den, og hold bare brennerne utsatt. Plasser auberginene direkte på fire separate gassbrennere med middels flammer og stek i 15 til 18 minutter, til skinnet er brent og flassende og kjøttet er mykt. Bruk metalltang til å snu dem av og til. Alternativt kan du snitte auberginene med en kniv på noen få steder, ca. 2 cm dype, og legge dem på et stekebrett under en varm broiler i omtrent en time. Snu dem rundt hvert 20. minutt eller så og fortsett å steke selv om de sprekker og går i stykker.

b) Fjern auberginene fra varmen og la dem avkjøles litt. Når den er avkjølt nok til å håndtere, skjærer du en åpning langs hver aubergine og øser ut det myke kjøttet, og deler det med hendene i lange tynne strimler. Kast huden. Tøm kjøttet i et dørslag i minst en time, gjerne lenger, for å bli kvitt mest mulig vann.

c) Legg auberginemassen i en middels bolle og tilsett hvitløk, sitronskall og saft, olivenolje, ½ ts salt og en god kvernet sort pepper. Rør og la auberginen marinere ved romtemperatur i minst en time.

d) Når du er klar til servering blander du inn det meste av urtene og smaker til. Legg høyt på et serveringsfat, dryss over granateplefrøene og pynt med de resterende urtene.

39. Persille og byggsalat

Gjør: 4

INGREDIENSER

- ¼ kopp / 40 g perlebygg
- 5 oz / 150 g fetaost
- 5½ ss olivenolje
- 1 ts za'atar
- ½ ts korianderfrø, lett ristet og knust
- ¼ ts malt spisskummen
- 3 oz / 80 g flatbladpersille, blader og fine stilker
- 4 grønne løk, finhakket (⅓ kopp / 40 g totalt)
- 2 fedd hvitløk, knust
- ⅓ kopp / 40 g cashewnøtter, lett ristet og grovt knust
- 1 grønn paprika, frøet og kuttet i terninger på 1 cm
- ½ ts malt allehånde
- 2 ss ferskpresset sitronsaft
- salt og nykvernet sort pepper

BRUKSANVISNING

a) Legg perlebygget i en liten kjele, dekk til med rikelig med vann og kok i 30 til 35 minutter, til det er mørt, men med en bit. Hell i en fin sil, rist for å fjerne alt vannet, og overfør til en stor bolle.

b) Del fetaen i grove biter, omtrent 2 cm store, og bland i en liten bolle med 1½ ss olivenolje, za'atar, korianderfrø og spisskummen. Bland forsiktig sammen og la marinere mens du forbereder resten av salaten.

c) Hakk persillen fint og legg i en bolle med grønnløk, hvitløk, cashewnøtter, pepper, allehånde, sitronsaft, resten av olivenoljen og den kokte byggen. Bland godt sammen og smak til. For å servere, del salaten mellom fire tallerkener og topp med den marinerte fetaosten.

40. Chunky zucchini og tomatsalat

Gjør: 6

INGREDIENSER

- 8 blekgrønne zucchini eller vanlig zucchini (omtrent 2¼ lb / 1 kg totalt)
- 5 store, veldig modne tomater (1¾ lb / 800 g totalt)
- 3 ss olivenolje, pluss ekstra til slutt
- 2½ kopper / 300 g gresk yoghurt
- 2 fedd hvitløk, knust
- 2 røde chili, frøsådd og hakket
- revet skall av 1 middels sitron og 2 ss ferskpresset sitronsaft
- 1 ss daddelsirup, pluss ekstra til slutt
- 2 kopper / 200 g valnøtter, grovhakket
- 2 ss hakket mynte
- ⅔ oz / 20 g flatbladpersille, hakket
- salt og nykvernet sort pepper

BRUKSANVISNING

a) Forvarm ovnen til 425°F / 220°C. Sett en rillet stekepanne over høy varme.

b) Kutt squashen og del dem i to på langs. Halver tomatene også. Pensle squash og tomater med olivenolje på snittsiden og smak til med salt og pepper.

c) Nå skal stekepannen være rykende varm. Start med zucchinien. Legg noen av dem på pannen med kuttesiden ned og stek i 5 minutter; zucchinien skal være pent forkullet på den ene siden. Fjern nå zucchinien og gjenta samme prosess med tomatene. Legg grønnsakene i en langpanne og sett i ovnen i ca 20 minutter, til zucchinien er veldig møre.

d) Ta kjelen ut av ovnen og la grønnsakene avkjøles litt. Hakk dem grovt og la dem renne av i et dørslag i 15 minutter.

e) Visp sammen yoghurt, hvitløk, chili, sitronskall og juice, og melasse i en stor miksebolle. Tilsett de hakkede grønnsakene, valnøtter, mynte og det meste av persillen og rør godt. Smak til med ¾ ts salt og litt pepper.

f) Ha salaten over på en stor, grunn serveringsfat og fordel den utover. Pynt med resten av persillen. Drypp til slutt over litt daddelsirup og olivenolje.

41. <u>Tabbouleh</u>

Gjør: 4 GENERØST

INGREDIENSER

- ½ kopp / 30 g fin bulgurhvete
- 2 store tomater, modne, men faste (10½ oz / 300 g totalt)
- 1 sjalottløk, finhakket (3 ss / 30 g totalt)
- 3 ss ferskpresset sitronsaft, pluss litt ekstra til slutt
- 4 store bunter flatbladpersille (5½ oz / 160 g totalt)
- 2 bunter mynte (1 oz / 30 g totalt)
- 2 ts malt allehånde
- 1 ts baharat krydderblanding (kjøpt ellerse oppskrift)
- ½ kopp / 80 ml olivenolje av topp kvalitet
- frø av omtrent ½ stort granateple (½ kopp / 70 g totalt), valgfritt
- salt og nykvernet sort pepper

BRUKSANVISNING

a) Ha bulguren i en fin sil og kjør under kaldt vann til vannet som kommer gjennom ser klart ut og mesteparten av stivelsen er fjernet. Overfør til en stor miksebolle.

b) Bruk en liten tagget kniv til å skjære tomatene i skiver ¼ tomme / 0,5 cm tykke. Skjær hver skive i ¼-tommers / 0,5 cm strimler og deretter i terninger. Tilsett tomatene og deres juice i bollen, sammen med sjalottløk og sitronsaft og rør godt.

c) Ta noen kvister persille og pakk dem godt sammen. Bruk en stor, veldig skarp kniv til å klippe av de fleste stilkene og kast. Bruk nå kniven til å flytte opp stilkene og bladene, gradvis "mat" kniven for å rive persillen så fint du kan, og prøv å unngå å kutte stykker bredere enn 1/16 tomme / 1 mm. Legg i bollen.

d) Plukk myntebladene av stilkene, pakk noen godt sammen, og riv dem fint som du gjorde persillen; ikke hakk dem for mye da de har en tendens til å misfarges. Legg i bollen.

e) Til slutt tilsett allehånde, baharat, olivenolje, granateple, hvis du bruker, og litt salt og pepper. Smak til, og tilsett mer salt og pepper om du vil, eventuelt litt sitronsaft, og server.

42. Stekt potet med karamell og svisker

Gjør: 4

INGREDIENSER

- 2¼ lb / 1 kg melete poteter, for eksempel rødbrun
- ½ kopp / 120 ml gåsefett
- 5 oz / 150 g hele myke Agen svisker, pitted
- ½ kopp / 90 g superfint sukker
- 3½ ss / 50 ml isvann
- salt

BRUKSANVISNING

a) Forvarm ovnen til 475°F / 240°C.

b) Skrell potetene, la de små være hele og halver de større, så du ender opp med biter på rundt 60 g. Skyll under kaldt vann, og legg deretter potetene i en stor panne med rikelig med friskt kaldt vann. Kok opp, og la det småkoke i 8 til 10 minutter. Tøm potetene godt, rist deretter dørslaget for å gjøre kantene grove.

c) Legg gåsefettet i en langpanne og varm i ovnen til det ryker, ca 8 minutter. Ta pannen forsiktig ut av ovnen og legg de kokte potetene til det varme fettet med en metalltang, rull dem rundt i fettet mens du gjør det. Sett pannen forsiktig på den høyeste rillen i ovnen og stek i 50 til 65 minutter, eller til potetene er gylne og sprø på utsiden. Snu dem av og til mens de koker.

d) Når potetene er nesten klare, tar du brettet ut av ovnen og velter den over en varmefast bolle for å fjerne mesteparten av fettet. Tilsett ½ ts salt og sviskene og rør forsiktig. Sett tilbake i ovnen i ytterligere 5 minutter.

e) I løpet av denne tiden lager du karamellen. Ha sukkeret i en ren, tykkbunnet kjele og sett på svak varme. Uten å røre, se sukkeret få en fyldig karamellfarge. Sørg for å holde øynene på sukkeret hele tiden. Så snart du når denne fargen, fjern pannen fra varmen. Hold kjelen på trygg avstand fra ansiktet ditt, og hell raskt isvannet i karamellen for å hindre at den koker. Sett tilbake til varmen og rør for å fjerne eventuelle sukkerklumper.

f) Før servering rører du inn karamellen i potetene og sviskene. Ha over i en serveringsbolle og spis med en gang.

43. <u>Sveitsisk Chard med Tahini, Yoghurt og Smørede pinjekjerner</u>

Gjør: 4

INGREDIENSER
- 2¾ lb / 1,3 kg mangold
- 2½ ss / 40 g usaltet smør
- 2 ss olivenolje, pluss ekstra til slutt
- 5 ss / 40 g pinjekjerner
- 2 små fedd hvitløk, skåret i veldig tynne skiver
- ¼ kopp / 60 ml tørr hvitvin
- søt paprika, til pynt (valgfritt)
- salt og nykvernet sort pepper

TAHINI OG YOGHURTSAUS
- 3½ ss / 50 g lett tahinipasta
- 4½ ss / 50 g gresk yoghurt
- 2 ss ferskpresset sitronsaft
- 1 fedd hvitløk, knust
- 2 ss vann

BRUKSANVISNING

a) Start med sausen. Ha alle ingrediensene i en middels bolle, tilsett en klype salt og rør godt med en liten visp til du får en jevn, halvstiv pasta. Sette til side.

b) Bruk en skarp kniv til å skille de hvite mangoldstilkene fra de grønne bladene og skjær begge i skiver ¾ tomme / 2 cm brede, hold dem adskilt. Kok opp en stor panne med saltet vann og tilsett mangoldstilkene. La småkoke i 2 minutter, tilsett bladene og kok i ytterligere ett minutt. Tøm og skyll godt under kaldt vann. La vannet renne av og bruk hendene til å klemme mangolden til den er helt tørr.

c) Ha halvparten av smøret og de 2 ss olivenolje i en stor stekepanne og sett på middels varme. Når de er varme, tilsett pinjekjernene og sleng dem i pannen til de er gyldne, ca. 2 minutter. Bruk en hullsleiv til å fjerne dem fra pannen, og sleng deretter i hvitløken. Stek i omtrent et minutt, til den begynner å bli gyllen. Hell forsiktig (det vil spytte!) i vinen. La stå i et minutt eller mindre, til det reduseres til omtrent en tredjedel. Tilsett mangolden og resten av smøret og stek i 2 til 3 minutter, rør av og til, til mangolden er helt varm. Smak til med ½ ts salt og litt sort pepper.

d) Fordel mangoldet mellom individuelle serveringsskåler, ha litt tahinisaus på toppen og dryss over pinjekjernene. Drypp til slutt med olivenolje og strø over litt paprika hvis du vil.

44. <u>Hannukah Sabih</u>

Gjør: 4

INGREDIENSER
- 2 store auberginer (omtrent 1⅔ lb / 750 g totalt)
- ca 1¼ kopper / 300 ml solsikkeolje
- 4 skiver hvitt brød av god kvalitet, ristet eller ferske og fuktige mini pitas
- 1 kopp / 240 mlTahinisaus
- 4 store frittgående egg, hardkokte, skrellet og kuttet i 1 cm tykke skiver eller i kvarte
- ca 4 ssZhoug
- amba eller velsmakende mango pickle (valgfritt)
- salt og nykvernet sort pepper

HACKET SALAT
- 2 middels modne tomater, kuttet i ⅜-tommers / 1 cm terninger (ca. 1 kopp / 200 g totalt)
- 2 miniagurker, kuttet i terninger på 1 cm (ca. 1 kopp / 120 g totalt)
- 2 grønne løk, i tynne skiver
- 1½ ss hakket flatbladpersille
- 2 ts ferskpresset sitronsaft
- 1½ ss olivenolje

BRUKSANVISNING
a) Bruk en grønnsaksskreller til å skrelle bort strimler av aubergineskinn fra topp til bunn, og la auberginene etterlates vekslende med strimler av svart skinn og hvitt kjøtt, sebraaktig. Skjær begge auberginene i bredden i skiver som er 2,5 cm tykke. Dryss dem på begge sider med salt, spre dem deretter utover en bakeplate og la stå i minst 30 minutter for å fjerne litt vann. Bruk papirhåndklær til å tørke av dem.
b) Varm solsikkeoljen i en vid stekepanne. Forsiktig – oljen spytter – stek aubergineskivene i omganger til de er fine og mørke, snu en gang, totalt 6 til 8 minutter. Tilsett olje om nødvendig mens du koker porsjonene. Når de er ferdige, skal auberginebitene

være helt møre i midten. Ta ut av pannen og renne av på tørkepapir.

c) Lag den hakkede salaten ved å blande sammen alle ingrediensene og smak til med salt og pepper.

d) Rett før servering legger du 1 brødskive eller pita på hver tallerken. Hell 1 ss av tahinisausen over hver skive, og legg deretter aubergineskivene på toppen, overlappende. Ringle over litt mer tahini, men uten å dekke aubergineskivene helt. Krydre hver eggeskive med salt og pepper og legg over auberginen. Drypp litt mer tahini på toppen og hell over så mye zhoug du vil; vær forsiktig, det er varmt! Hell over mango-pickle også, hvis du vil. Server grønnsaksalaten ved siden av, legg litt på toppen av hver servering om ønskelig.

45. Latkes

Gjør: 12 LATKES

INGREDIENSER

- 5½ kopper / 600 g skrellet og revet ganske voksaktige poteter som Yukon Gold
- 2¾ kopper / 300 g skrellet og revet pastinakk
- ⅓ kopp / 30 g gressløk, finhakket
- 4 eggehviter
- 2 ss maisstivelse
- 5 ss / 80 g usaltet smør
- 6½ ss / 100 ml solsikkeolje
- salt og nykvernet sort pepper
- rømme, til servering

BRUKSANVISNING

a) Skyll poteten i en stor bolle med kaldt vann. Hell av i et dørslag, klem ut overflødig vann, og fordel deretter poteten på et rent kjøkkenhåndkle for å tørke helt.

b) I en stor bolle blander du sammen potet, pastinakk, gressløk, eggehviter, maisstivelse, 1 ts salt og rikelig med sort pepper.

c)

d) Varm opp halvparten av smøret og halvparten av oljen i en stor stekepanne på middels høy varme. Bruk hendene til å plukke ut deler av ca. 2 ss av latkeblandingen, klem godt for å fjerne litt av væsken, og form til tynne bøffer ca. 1 cm tykke og 8 cm i diameter. Legg forsiktig så mange latkes som du komfortabelt får plass i pannen, skyv dem forsiktig ned og jevn dem med baksiden av en skje. Stek på middels høy varme i 3 minutter på hver side. Latkene må være helt brune på utsiden. Fjern de stekte latkene fra oljen, legg på tørkepapir og hold dem varme mens du koker resten. Tilsett resten av smøret og oljen etter behov. Server med en gang med rømme ved siden av.

46. <u>Hannukah Falafel</u>

Gir: OM 20 BALLER

INGREDIENSER
- 1¼ kopper / 250 g tørkede kikerter
- ½ middels løk, finhakket (½ kopp / totalt 80 g)
- 1 fedd hvitløk, knust
- 1 ss finhakket flatbladpersille
- 2 ss finhakket koriander
- ¼ ts kajennepepper
- ½ ts malt spisskummen
- ½ ts malt koriander
- ¼ ts malt kardemomme
- ½ ts bakepulver
- 3 ss vann
- 1½ ss universalmel
- ca 3 kopper / 750 ml solsikkeolje, for frityrsteking
- ½ ts sesamfrø, til belegg
- salt

BRUKSANVISNING
a) Legg kikertene i en stor bolle og dekk med kaldt vann minst to ganger volumet. Sett til side for å trekke over natten.

b) Neste dag, tøm kikertene godt og kombiner dem med løk, hvitløk, persille og koriander. For best resultat, bruk en kjøttkvern til neste del. Ha kikertblandingen én gang gjennom maskinen, still inn på den fineste innstillingen, og før den deretter gjennom maskinen for andre gang. Hvis du ikke har kjøttkvern, bruk en foodprosessor. Brett blandingen i partier, pulser hver i 30 til 40 sekunder, til den er finhakket, men ikke grøtaktig eller deig og holder seg sammen. Når det er behandlet, tilsett krydder, bakepulver, ¾ teskje salt, mel og vann. Bland godt for hånd til jevn og jevn. Dekk til blandingen og la den stå i kjøleskapet i minst 1 time, eller til den skal brukes.

c) Fyll en dyp, tykkbunnet middels kjele med nok olje til å komme 7 cm opp på sidene av pannen. Varm oljen til 350°F / 180°C.

d) Med våte hender trykker du 1 ss av blandingen i håndflaten for å danne en patty eller en ball på størrelse med en liten valnøtt, ca. 1 oz / 25 g (du kan også bruke en våt iskremskje til dette).

e) Dryss kulene jevnt med sesamfrø og frityrstek dem i omganger i 4 minutter, til de er godt brune og gjennomstekt. Det er viktig at de virkelig tørker ut på innsiden, så pass på at de får nok tid i oljen. Tørk av i et dørslag dekket med tørkepapir og server med en gang.

47. Hvetebær og Chard med granateplemelasse

Gjør: 4

INGREDIENSER

- 1⅓ lb / 600 g Chard eller regnbue Chard
- 2 ss olivenolje
- 1 ss usaltet smør
- 2 store purre, hvite og blekgrønne deler, i tynne skiver (3 kopper / 350 g totalt)
- 2 ss lyst brunt sukker
- ca 3 ss granateplemelasse
- 1¼ kopper / 200 g avskallede eller uskallede hvetebær
- 2 kopper / 500 ml kyllingkraft
- salt og nykvernet sort pepper
- Gresk yoghurt, til servering

BRUKSANVISNING

a) Skill mangoldens hvite stilker fra de grønne bladene med en liten, skarp kniv. Skjær stilkene i 1 cm skiver og bladene i 2 cm skiver.

b) Varm olje og smør i en stor tykkbunnet panne. Tilsett purre og kok under omrøring i 3 til 4 minutter. Tilsett mangoldstilkene og stek i 3 minutter, tilsett deretter bladene og stek i ytterligere 3 minutter. Tilsett sukkeret, 3 ss granateplemelasse og hvetebærene og bland godt. Tilsett kraften, ¾ ts salt og litt sort pepper, la det småkoke og kok over lav varme, dekket, i 60 til 70 minutter. Hveten skal være al dente på dette tidspunktet.

c) Ta av lokket og øk om nødvendig varmen og la eventuell gjenværende væske fordampe. Bunnen av pannen skal være tørr og ha litt brent karamell på. Fjern fra varmen.

d) Før servering, smak og tilsett mer melasse, salt og pepper om nødvendig; du vil ha den skarp og søt, så ikke vær sjenert med melasse. Server lun, med en klatt gresk yoghurt.

48. <u>Hannukah Balilah</u>

Gjør: 4

INGREDIENSER
- 1 kopp / 200 g tørkede kikerter
- 1 ts natron
- 1 kopp / 60 g hakket flatbladpersille
- 2 grønne løk, i tynne skiver
- 1 stor sitron
- 3 ss olivenolje
- 2½ ts malt spisskummen
- salt og nykvernet sort pepper

BRUKSANVISNING
a) Kvelden før, legg kikertene i en stor bolle og dekk med kaldt vann minst det dobbelte av volumet. Tilsett natron og la stå i romtemperatur for å trekke over natten.

b) Tøm kikertene og legg dem i en stor kjele. Dekk med rikelig med kaldt vann og sett over høy varme. Kok opp, skum overflaten av vannet, reduser deretter varmen og la det småkoke i 1 til 1½ time, til kikertene er veldig myke, men fortsatt beholder formen.

c) Mens kikertene koker, ha persille og grønn løk i en stor miksebolle. Skrell sitronen ved å toppe den, legge den på et brett og kjøre en liten skarp kniv langs kurvene for å fjerne skinnet og den hvite margen. Kast skinnet, marven og frøene og grovhakk kjøttet. Tilsett kjøttet og all saften i bollen.

d) Når kikertene er klare, la dem renne av og ha dem i bollen mens de fortsatt er varme. Tilsett olivenolje, spisskummen, ¾ ts salt og en god kvernet pepper. Bland godt. La den avkjøles til den er akkurat varm, smak til med krydder og server.

49. <u>Basmatiris og orzo</u>

Gjør: 6

INGREDIENSER
- 1⅓ kopper / 250 g basmatiris
- 1 ss smeltet ghee eller usaltet smør
- 1 ss solsikkeolje
- ½ kopp / 85 g orzo
- 2½ kopper / 600 ml kyllingkraft
- 1 ts salt

BRUKSANVISNING
a) Vask basmatirisen godt, legg deretter i en stor bolle og dekk med rikelig med kaldt vann. La det trekke i 30 minutter, og tøm deretter.

b) Varm ghee og olje over middels høy varme i en middels tykkbunnet kjele som du har lokk til. Tilsett orzoen og fres i 3 til 4 minutter, til kornene blir mørkegylne. Tilsett kraften, kok opp og kok i 3 minutter. Tilsett avrent ris og salt, kok forsiktig opp, rør en eller to ganger, dekk til pannen og la det småkoke på svært lav varme i 15 minutter. Ikke la deg friste til å avdekke pannen; du må la risen dampe ordentlig.

c) Slå av varmen, ta av lokket og dekk kjelen raskt med et rent kjøkkenhåndkle. Sett lokket tilbake på toppen av håndkleet og la stå i 10 minutter. Luft risen med en gaffel før servering.

50. Safranris med barbær, pistasj og blandede urter

Gjør: 6

INGREDIENSER

- 2½ ss / 40 g usaltet smør
- 2 kopper / 360 g basmatiris, skylt under kaldt vann og rennet godt av
- 2⅓ kopper / 560 ml kokende vann
- 1 ts safran tråder, bløtlagt i 3 ss kokende vann i 30 minutter
- ¼ kopp / 40 g tørkede berberbær, bløtlagt i noen minutter i kokende vann med en klype sukker
- 1 oz / 30 g dill, grovhakket
- ⅔ oz / 20 g kjørvel, grovhakket
- ⅓ oz / 10 g estragon, grovhakket
- ½ kopp / 60 g skivede eller knuste usaltede pistasjnøtter, lett ristet
- salt og nykvernet hvit pepper

BRUKSANVISNING

a) Smelt smøret i en middels kjele og rør inn risen, og pass på at kornene er godt belagt med smør. Tilsett kokende vann, 1 ts salt og litt hvit pepper. Bland godt, dekk til med et tettsittende lokk og la det koke på svært lav varme i 15 minutter. Ikke la deg friste til å avdekke pannen; du må la risen dampe ordentlig.

b) Fjern rispannen fra varmen - alt vannet vil ha blitt absorbert av risen - og hell safranvannet over den ene siden av risen, dekker omtrent en fjerdedel av overflaten og la mesteparten av den være hvit. Dekk kjelen umiddelbart med et kjøkkenhåndkle og lukk godt med lokket. Sett til side i 5 til 10 minutter.

c) Bruk en stor skje til å fjerne den hvite delen av risen i en stor miksebolle og luft den opp med en gaffel. Tøm berberiene og rør dem inn, etterfulgt av urter og det meste av pistasjenøtter, la noen få igjen til pynt. Bland godt. Luft safranrisen med en gaffel og vend den forsiktig inn i den hvite risen. Ikke overbland – du vil ikke at de hvite kornene skal bli flekker av det gule. Smak til og juster krydderet. Ha risen over i en grunn serveringsbolle og strø de resterende pistasjenøttene på toppen. Serveres varm eller i romtemperatur.

51. Basmati og villris med kikerter, rips og urter

Gjør: 6

INGREDIENSER

- ⅓ kopp / 50 g villris
- 2½ ss olivenolje
- avrundet 1 kopp / 220 g basmatiris
- 1½ kopper / 330 ml kokende vann
- 2 ts spisskummen frø
- 1½ ts karripulver
- 1½ kopper / 240 g kokte og drenerte kikerter (hermetisert er fint)
- ¾ kopp / 180 ml solsikkeolje
- 1 middels løk, i tynne skiver
- 1½ ts universalmel
- ⅔ kopp / 100 g rips
- 2 ss hakket flatbladpersille
- 1 ss hakket koriander
- 1 ss hakket dill
- salt og nykvernet sort pepper

BRUKSANVISNING

a) Start med å ha villrisen i en liten kjele, dekk til med rikelig med vann, kok opp og la det småkoke i ca 40 minutter, til risen er kokt, men fortsatt ganske fast. Tøm og sett til side.

b) For å koke basmatirisen, hell 1 ss olivenolje i en middels kjele med tettsittende lokk og sett over høy varme. Tilsett risen og ¼ ts salt og rør mens du varmer opp risen. Tilsett forsiktig det kokende vannet, reduser varmen til veldig lav, dekk kjelen med lokk og la koke i 15 minutter.

c) Ta kjelen av varmen, dekk til med et rent kjøkkenhåndkle og deretter lokket, og la den stå av varmen i 10 minutter.

d) Mens risen koker, tilbered kikertene. Varm opp de resterende 1½ ss olivenolje i en liten kjele over høy varme. Tilsett spisskummen og karripulveret, vent et par sekunder, og tilsett deretter kikertene og ¼ teskje salt; pass på at du gjør dette raskt ellers kan krydderne brenne seg fast i oljen. Rør over varmen i et minutt eller to, bare for å varme opp kikertene, og overfør deretter til en stor miksebolle.

e) Tørk av kasserollen, hell i solsikkeoljen og sett på høy varme. Sørg for at oljen er varm ved å kaste i et lite stykke løk; det skal syde kraftig. Bruk hendene til å blande løken med melet for å belegge den litt. Ta litt av løken og legg den forsiktig (den kan spyttes!) i oljen. Stek i 2 til 3 minutter til de er gyldenbrune, overfør deretter til papirhåndklær for å renne av og dryss med salt. Gjenta i omganger til all løken er stekt.

f) Til slutt tilsett begge typer ris til kikertene og tilsett deretter rips, urter og stekt løk. Rør, smak til og tilsett salt og pepper som du vil. Serveres varm eller i romtemperatur.

52. Byggrisotto med marinert fetaost

Gjør: 4

INGREDIENSER
- 1 kopp / 200 g perlebygg
- 2 ss / 30 g usaltet smør
- 6 ss / 90 ml olivenolje
- 2 små selleristilker, kuttet i terninger på 0,5 cm
- 2 små sjalottløk, kuttet i terninger på 0,5 cm
- 4 fedd hvitløk, kuttet i 1/16-tommers / 2 mm terninger
- 4 timiankvister
- ½ ts røkt paprika
- 1 laurbærblad
- 4 strimler sitronskall
- ¼ ts chileflak
- en 14-oz / 400 g boks hakkede tomater
- 3 kopper / 700 ml grønnsakskraft
- 1¼ kopper / 300 ml passata (siktede knuste tomater)
- 1 ss karvefrø
- 10½ oz / 300 g fetaost, delt i omtrent 2 cm biter
- 1 ss friske oreganoblader
- salt

BRUKSANVISNING

a) Skyll perlebygget godt under kaldt vann og la det renne av seg.

b) Smelt smøret og 2 ss olivenolje i en veldig stor stekepanne og stek selleri, sjalottløk og hvitløk over svak varme i 5 minutter til de er myke. Tilsett bygg, timian, paprika, laurbærblad, sitronskall, chileflak, tomater, kraft, passata og salt. Rør for å kombinere. Gi blandingen et oppkok, reduser deretter til en veldig forsiktig koking og kok i 45 minutter, rør ofte for å sikre at risottoen ikke setter seg fast i bunnen av pannen. Når det er klart, skal byggen være mørt og mesteparten av væsken absorbert.

c) Rist i mellomtiden karvefrøene i en tørr panne i et par minutter. Knus dem så lett slik at noen hele frø blir igjen. Tilsett dem til fetaosten med de resterende 4 ss / 60 ml olivenolje og bland forsiktig for å kombinere.

d) Når risottoen er klar, sjekk krydderet og del den deretter mellom fire grunne boller. Topp hver med den marinerte fetaosten, inkludert oljen, og et dryss oreganoblader.

53. Conchiglie med yoghurt, erter og Chile

Gjør: 6

INGREDIENSER

- 2½ kopper / 500 g gresk yoghurt
- ⅔ kopp / 150 ml olivenolje
- 4 fedd hvitløk, knust
- 1 lb / 500 g ferske eller tinte frosne erter
- 1 lb / 500 g conchiglie pasta
- ½ kopp / 60 g pinjekjerner
- 2 ts tyrkiske eller syriske chileflak (eller mindre, avhengig av hvor krydret de er)
- 1⅔ kopper / 40 g basilikumblader, grovt revet
- 8 oz / 240 g fetaost, delt i biter
- salt og nykvernet hvit pepper

BRUKSANVISNING

a) Ha yoghurten, 6 ss / 90 ml olivenolje, hvitløken og ⅔ kopp / 100 g av ertene i en foodprosessor. Blitz til en jevn blekgrønn saus og overfør til en stor miksebolle.

b) Kok pastaen i rikelig med saltet vann til den er al dente. Mens pastaen koker, varm opp den resterende olivenoljen i en liten stekepanne på middels varme. Tilsett pinjekjernene og chileflakene og stek i 4 minutter, til nøttene er gylne og oljen er dyp rød. Varm også opp de resterende ertene i litt kokende vann, og tøm deretter.

c) Hell den kokte pastaen i et dørslag, rist godt for å bli kvitt vannet, og tilsett pastaen gradvis i yoghurtsausen; å tilsette alt på en gang kan føre til at yoghurten deler seg. Tilsett varme erter, basilikum, fetaost, 1 ts salt og ½ ts hvit pepper. Kast forsiktig, overfør til individuelle boller, og hell over pinjekjernene og oljen deres.

54. Mejadra

Gjør: 6

INGREDIENSER

- 1¼ kopper / 250 g grønne eller brune linser
- 4 mellomstore løk (1½ lb / 700 g før skrell)
- 3 ss universalmel
- ca 1 kopp / 250 ml solsikkeolje
- 2 ts spisskummen frø
- 1½ ss korianderfrø
- 1 kopp / 200 g basmatiris
- 2 ss olivenolje
- ½ ts malt gurkemeie
- 1½ ts malt allehånde
- 1½ ts malt kanel
- 1 ts sukker
- 1½ kopper / 350 ml vann
- salt og nykvernet sort pepper

BRUKSANVISNING

a) Legg linsene i en liten kjele, dekk til med rikelig med vann, kok opp og kok i 12 til 15 minutter, til linsene har myknet, men fortsatt har en liten bit. Tøm og sett til side.

b) Skrell løken og skjær i tynne skiver. Legg på en stor flat tallerken, dryss over melet og 1 ts salt, og bland godt med hendene. Varm solsikkeoljen i en middels tykkbunnet kjele plassert over høy varme. Sørg for at oljen er varm ved å kaste i et lite stykke løk; det skal syde kraftig. Reduser varmen til middels høy og forsiktig (det kan spyttes!) tilsett en tredjedel av løken i skiver. Stek i 5 til 7 minutter, rør av og til med en hullsleiv, til løken får en fin gyllenbrun farge og blir sprø (juster temperaturen slik at løken ikke steker for raskt og brenner seg). Bruk skjeen til å overføre løken til et dørslag dekket med tørkepapir og dryss over litt mer salt. Gjør det samme med de to andre partiene med løk; tilsett litt ekstra olje om nødvendig.

c) Tørk kasserollen som du stekte løken i ren og ha i spisskummen og korianderfrøene. Sett på middels varme og rist frøene i et minutt eller to. Tilsett ris, olivenolje, gurkemeie, allehånde, kanel, sukker, ½ teskje salt og rikelig med sort pepper. Rør for å dekke risen med olje, og tilsett deretter de kokte linsene og vannet. Kok opp, dekk til med lokk og la det småkoke på svært lav varme i 15 minutter.

d) Ta av varmen, løft av lokket og dekk kjelen raskt med et rent kjøkkenhåndkle. Lukk godt med lokket og sett til side i 10 minutter.

e) Tilsett til slutt halvparten av den stekte løken til risen og linsene og rør forsiktig med en gaffel. Ha blandingen i en grunn serveringsbolle og topp med resten av løken.

55. <u>Hannukah Maqluba</u>

Gjør: 4 TIL 6

INGREDIENSER

- 2 mellomstore auberginer (1½ lb / 650 g totalt), kuttet i ¼-tommers / 0,5 cm skiver
- 1⅔ kopper / 320 g basmatiris
- 6 til 8 utbenede kyllinglår, med skinnet på, ca. 1¾ lb / 800 g totalt
- 1 stor løk, delt i kvarte på langs
- 10 sorte pepperkorn
- 2 laurbærblader
- 4 kopper / 900 ml vann
- solsikkeolje, til steking
- 1 middels blomkål (1 lb / 500 g), delt i store buketter
- smeltet smør, for å smøre pannen
- 3 til 4 middels modne tomater (12 oz / 350 g totalt), kuttet i ¼-tommers / 0,5 cm tykke skiver
- 4 store fedd hvitløk, halvert
- 1 ts malt gurkemeie
- 1 ts malt kanel
- 1 ts malt allehånde
- ¼ ts nykvernet sort pepper
- 1 ts baharat krydderblanding (kjøpt ellerse oppskrift)
- 3½ ss / 30 g pinjekjerner, stekt i 1 ss / 15 g ghee eller usaltet smør til de er gylne
- Yoghurt med agurk, å servere
- salt

BRUKSANVISNING

a) Legg aubergineskivene på papirhåndklær, dryss salt på begge sider og la stå i 20 minutter for å miste litt av vannet.

b) Vask risen og bløtlegg i rikelig med kaldt vann og 1 ts salt i minst 30 minutter.

c) I mellomtiden, varm en stor kjele over middels høy varme og stek kyllingen i 3 til 4 minutter på hver side, til den er gyldenbrun (kyllingskinnet skal produsere nok olje til å koke det; tilsett litt solsikkeolje om nødvendig). Tilsett løk, pepperkorn, laurbærblader og vann. Kok opp, dekk til og kok på lav varme i 20 minutter. Ta kyllingen ut av pannen og sett den til side. Sil kraften og behold til senere, mens du skummer fettet.

d) Mens kyllingen steker, varm opp en kjele eller nederlandsk ovn, helst nonstick og omtrent 24 cm i diameter og 12 cm dyp, over middels høy varme. Tilsett nok solsikkeolje til å komme ca ¾ tomme / 2 cm opp på sidene av pannen. Når du begynner å se små bobler dukke opp, legg forsiktig (det kan spyttes!) noen av blomkålbukettene i oljen og stek til de er gyldenbrune, opptil 3 minutter. Bruk en hullsleiv til å overføre den første batchen til papirhåndklær og dryss over salt. Gjenta med den resterende blomkålen.

e) Tørk aubergineskivene med tørkepapir og stek dem tilsvarende i omganger.

f) Fjern oljen fra pannen og tørk pannen ren. Hvis det ikke er en nonstick-panne, kle bunnen med en sirkel av pergamentpapir kuttet til nøyaktig størrelse og pensle sidene med litt smeltet smør. Nå er du klar til å legge maqlubaen i lag.

g) Start med å legge tomatskivene i ett lag, overlappende, etterfulgt av aubergineskivene. Deretter ordner du blomkålbitene og kyllinglårene. Tøm risen godt og fordel den over det siste laget og strø hvitløksbitene på toppen. Mål opp 3 kopper / 700 ml av den reserverte kyllingkraften og bland inn alle krydderne, pluss 1 ts salt. Hell dette over risen og trykk den forsiktig ned med hendene, pass på at all risen er dekket med kraft. Tilsett litt ekstra kraft eller vann om nødvendig.

h) Sett kjelen over middels varme og la det småkoke; kraften trenger ikke å putre kraftig, men du må sørge for at den koker ordentlig før du dekker pannen med lokk, reduserer varmen til lav varme og steker på lav varme i 30 minutter. Ikke la deg friste til å avdekke pannen; du må la risen dampe ordentlig. Ta kjelen av varmen, ta av lokket og legg raskt et rent kjøkkenhåndkle over pannen, forsegl deretter med lokket igjen. La hvile i 10 minutter.

i) Når du er klar, tar du av lokket, snur en stor rund serveringsfat eller tallerken over den åpne pannen, og snur pannen og tallerkenen forsiktig, men raskt sammen, mens du holder begge sider godt. La pannen stå på platen i 2 til 3 minutter, og løft den deretter sakte og forsiktig av. Pynt med pinjekjernene og server med yoghurt med agurk.

56. Couscous med tomat og løk

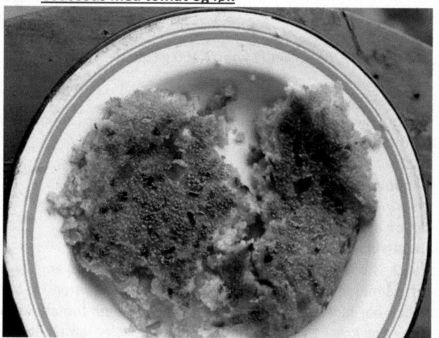

Gjør: 4

INGREDIENSER

- 3 ss olivenolje
- 1 middels løk, finhakket (1 kopp / 160 g totalt)
- 1 ss tomatpuré
- ½ ts sukker
- 2 svært modne tomater, kuttet i 0,5 cm terninger (1¾ kopper / 320 g totalt)
- 1 kopp / 150 g couscous
- 1 kopp / 220 ml kokende kylling- eller grønnsakskraft
- 2½ ss / 40 g usaltet smør
- salt og nykvernet sort pepper

BRUKSANVISNING

a) Hell 2 ss olivenolje i en nonstick-panne ca 22 cm i diameter og sett på middels varme. Tilsett løken og stek i 5 minutter, rør ofte, til den har blitt myk, men ikke fått farge. Rør inn tomatpuré og sukker og kok i 1 minutt. Tilsett tomatene, ½ ts salt og litt sort pepper og kok i 3 minutter.

b) Ha i mellomtiden couscousen i en grunn bolle, hell over den kokende kraften og dekk med plastfolie. Sett til side i 10 minutter, fjern deretter lokket og luft couscousen med en gaffel. Tilsett tomatsausen og rør godt.

c) Tørk kjelen ren og varm opp smøret og de resterende 1 ss olivenolje på middels varme. Når smøret har smeltet, hell couscousen i pannen og bruk baksiden av skjeen til å klappe den forsiktig ned så det hele pakkes tett inn. Dekk til pannen, reduser varmen til den laveste innstillingen, og la couscousen dampe i 10 til 12 minutter, til du kan se en lysebrun farge rundt kantene. Bruk en forskjøvet slikkepott eller en kniv for å hjelpe deg med å se mellom kanten av couscousen og siden av pannen: du vil ha en virkelig skarp kant over hele bunnen og sidene.

d) Vend en stor tallerken oppå pannen og snu raskt pannen og tallerkenen sammen, og slipp couscousen ut på tallerkenen. Serveres varm eller i romtemperatur.

57. Brønnkarse & kikertsuppe med rosevann

Gjør: 4

INGREDIENSER

- 2 mellomstore gulrøtter (9 oz / 250 g totalt), kuttet i ¾-tommers / 2 cm terninger
- 3 ss olivenolje
- 2½ ts ras el hanout
- ½ ts malt kanel
- 1½ kopper / 240 g kokte kikerter, ferske eller hermetiske
- 1 middels løk, i tynne skiver
- 2½ ss / 15 g skrelt og finhakket fersk ingefær
- 2½ kopper / 600 ml grønnsakskraft
- 7 oz / 200 g brønnkarse
- 3½ oz / 100 g spinatblader
- 2 ts superfint sukker
- 1 ts rosevann
- salt
- Gresk yoghurt, til servering (valgfritt)
- Forvarm ovnen til 425°F / 220°C.

BRUKSANVISNING

a) Bland gulrøttene med 1 ss olivenolje, ras el hanout, kanel og en sjenerøs klype salt og fordel den flatt i en stekepanne dekket med bakepapir. Sett i ovnen i 15 minutter, tilsett deretter halvparten av kikertene, rør godt og stek i ytterligere 10 minutter, til gulroten mykner, men fortsatt har et bitt.

b) Ha i mellomtiden løken og ingefæren i en stor kjele. Surr med resterende olivenolje i ca 10 minutter på middels varme, til løken er helt myk og gyllen. Tilsett de resterende kikertene, kraft, brønnkarse, spinat, sukker og ¾ ts salt, rør godt og kok opp. Kok i et minutt eller to, bare til bladene visner.

c) Bruk en foodprosessor eller blender og blend suppen til den er jevn. Tilsett rosevannet, rør, smak til og tilsett mer salt eller rosevann hvis du vil. Sett til side til gulroten og kikertene er klare, og varm opp til servering.

d) For å servere, del suppen mellom fire boller og topp med den varme gulroten og kikertene og, hvis du vil, ca 2 ts yoghurt per porsjon.

58. <u>Varm yoghurt og byggsuppe</u>

Gjør: 4

INGREDIENSER

- 6¾ kopper / 1,6 liter vann
- 1 kopp / 200 g perlebygg
- 2 mellomstore løk, finhakket
- 1½ ts tørket mynte
- 4 ss / 60 g usaltet smør
- 2 store egg, pisket
- 2 kopper / 400 g gresk yoghurt
- ⅔ oz / 20 g fersk mynte, hakket
- ⅓ oz / 10 g flatbladpersille, hakket
- 3 grønne løk, i tynne skiver
- salt og nykvernet sort pepper

BRUKSANVISNING

a) Kok opp vannet med bygg i en stor kjele, tilsett 1 ts salt, og la det småkoke til byggen er kokt, men fortsatt al dente, 15 til 20 minutter. Fjern fra varmen. Når den er tilberedt, trenger du 4¾ kopper / 1,1 liter av kokevæsken til suppen; fyll på med vann hvis du sitter igjen med mindre på grunn av fordampning.

b) Mens byggen koker, fres løken og tørket mynte over middels varme i smøret til det er mykt, ca 15 minutter. Legg dette til den kokte byggen.

c) Visp sammen egg og yoghurt i en stor varmefast miksebolle. Bland sakte inn litt av bygg og vann, en øse om gangen, til yoghurten har blitt varm. Dette vil temperere yoghurten og eggene og stoppe dem fra å dele seg når de legges til den varme væsken. Tilsett yoghurten i suppegryten og sett tilbake til middels varme under konstant omrøring til suppen får en veldig lett koking. Ta av varmen, tilsett hakkede urter og grønnløk og sjekk krydderet. Serveres varm.

59. Cannellini bønne- og lammesuppe

Gjør: 4

INGREDIENSER

- 1 ss solsikkeolje
- 1 liten løk (5 oz / 150 g totalt), finhakket
- ¼ liten sellerirot, skrelt og kuttet i terninger på 0,5 cm (6 oz / 170 g totalt)
- 20 store fedd hvitløk, skrellet men hele
- 1 ts malt spisskummen
- 1 lb / 500 g lammegrytekjøtt (eller biff hvis du foretrekker det), kuttet i ¾-tommers / 2 cm terninger
- 7 kopper / 1,75 liter vann
- ½ kopp / 100 g tørkede cannellini- eller pintobønner, bløtlagt over natten i rikelig med kaldt vann, og deretter drenert
- 7 kardemommebelger, lett knust
- ½ ts malt gurkemeie
- 2 ss tomatpuré
- 1 ts superfint sukker
- 9 oz / 250 g Yukon Gold eller annen gul-kjøtt potet, skrelt og kuttet i ¾-tommers / 2 cm terninger
- salt og nykvernet sort pepper
- brød, å servere
- ferskpresset sitronsaft, til servering
- hakket koriander ellerZhoug

BRUKSANVISNING

a) Varm oljen i en stor stekepanne og stek løk og sellerirot over middels høy varme i 5 minutter, eller til løken begynner å bli brun. Tilsett hvitløksfeddene og spisskummen og stek i ytterligere 2 minutter. Ta av varmen og sett til side.

b) Plasser kjøttet og vannet i en stor kjele eller nederlandsk ovn over middels høy varme, kok opp, senk varmen og la det småkoke i 10 minutter, skum over overflaten ofte til du får en klar buljong. Tilsett løk- og sellerirotblandingen, de drenerte bønnene, kardemomme, gurkemeie, tomatpuré og sukker. Kok opp, dekk til og la det småkoke i 1 time, eller til kjøttet er mørt.

c) Tilsett potetene i suppen og smak til med 1 ts salt og ½ ts sort pepper. Kok opp igjen, senk varmen og la det småkoke uten lokk i ytterligere 20 minutter, eller til potetene og bønnene er møre. Suppen skal være tykk. La det boble litt lenger, om nødvendig, for å redusere, eller tilsett litt vann. Smak til og tilsett mer krydder etter din smak. Server suppen med brød og litt sitronsaft og fersk hakket koriander, eller zhoug.

60. Sjømat og fennikelsuppe

Gjør: 4

INGREDIENSER

- 2 ss olivenolje
- 4 fedd hvitløk, i tynne skiver
- 2 fennikelløker (10½ oz / 300 g totalt), trimmet og kuttet i tynne skiver
- 1 stor voksaktig potet (7 oz / 200 g totalt), skrelt og kuttet i 1,5 cm store terninger
- 3 kopper / 700 ml fiskekraft (eller kylling- eller grønnsakskraft, hvis foretrukket)
- ½ middels konservert sitron (½ oz / 15 g totalt), kjøpt i butikken ellerse oppskrift
- 1 rød chili i skiver (valgfritt)
- 6 tomater (14 oz / totalt 400 g), skrelles og kuttes i fire
- 1 ss søt paprika
- god klype safran
- 4 ss finhakket flatbladpersille
- 4 fileter havabbor (ca. 10½ oz / 300 g totalt), skinn på, delt i to
- 14 blåskjell (omtrent 8 oz / 220 g totalt)
- 15 muslinger (omtrent 4½ oz / 140 g totalt)
- 10 tigerreker (omtrent 8 oz / 220 g totalt), i skallet eller skrellet og deveiret
- 3 ss arak, ouzo eller Pernod
- 2 ts hakket estragon (valgfritt)
- salt og nykvernet sort pepper

BRUKSANVISNING

a) Ha olivenolje og hvitløk i en bred, lavkantet stekepanne og stek på middels varme i 2 minutter uten å farge hvitløken. Rør inn fennikel og potet og kok i ytterligere 3 til 4 minutter. Tilsett kraften og konservert sitron, smak til med ¼ ts salt og litt sort pepper, kok opp, dekk til og kok på lav varme i 12 til 14 minutter til potetene er kokte. Tilsett chili (hvis du bruker), tomater, krydder og halvparten av persillen og kok i ytterligere 4 til 5 minutter.

b) Tilsett opptil ytterligere 1¼ kopper / 300 ml vann på dette tidspunktet, ganske enkelt så mye som er nødvendig for å kunne dekke fisken for å posjere den, og kok opp igjen. Tilsett havabbor og skalldyr, dekk til pannen og la det koke ganske heftig i 3 til 4 minutter, til skalldyret åpner seg og rekene blir rosa.

c) Bruk en hullsleiv og fjern fisken og skalldyrene fra suppen. Hvis den fortsatt er litt vannaktig, la suppen koke i noen minutter til for å redusere. Tilsett arak og smak til med krydder.

d) Til slutt legger du skalldyret og fisken tilbake i suppen for å varme dem opp igjen. Server med en gang, garnert med resten av persillen og estragonen, hvis du bruker.

61. Pistasjsuppe

Gjør: 4

INGREDIENSER

- 2 ss kokende vann
- ¼ ts safran tråder
- 1⅔ kopper / 200 g avskallede usaltede pistasjnøtter
- 2 ss / 30 g usaltet smør
- 4 sjalottløk, finhakket (3½ oz / 100 g totalt)
- 1 oz / 25 g ingefær, skrelt og finhakket
- 1 purre, finhakket (1¼ kopper / 150 g totalt)
- 2 ts malt spisskummen
- 3 kopper / 700 ml kyllingkraft
- ⅓ kopp / 80 ml ferskpresset appelsinjuice
- 1 ss ferskpresset sitronsaft
- salt og nykvernet sort pepper
- rømme, til servering

BRUKSANVISNING

a) Forvarm ovnen til 350°F / 180°C. Hell det kokende vannet over safran-trådene i en liten kopp og la trekke i 30 minutter.

b) For å fjerne pistasjskinn, blanchere nøttene i kokende vann i 1 minutt, renne av, og mens de fortsatt er varme, fjern skallet ved å trykke nøttene mellom fingrene. Ikke alle skallene vil løsne som med mandler - dette er greit siden det ikke påvirker suppen - men å kvitte seg med noe skinn vil forbedre fargen og gjøre den lysere grønn. Fordel pistasjenøttene utover en bakeplate og stek i ovnen i 8 minutter. Fjern og la avkjøle.

c) Varm smøret i en stor kjele og tilsett sjalottløk, ingefær, purre, spisskummen, ½ ts salt og litt sort pepper. Stek på middels varme i 10 minutter, rør ofte, til sjalottløken er helt myk. Tilsett kraften og halvparten av safranvæsken. Dekk til pannen, senk varmen og la suppen småkoke i 20 minutter.

d) Ha alle unntatt 1 ss av pistasjenøtter i en stor bolle sammen med halvparten av suppen. Bruk en håndmikser til å blende til den er jevn og ha dette tilbake i kasserollen. Tilsett appelsin og sitronsaft, varm opp og smak til for å justere krydderet.

e) Til servering, grovhakk opp de reserverte pistasjenøttene. Ha den varme suppen over i boller og topp med en skje rømme. Dryss over pistasjenøttene og drypp over resten av safranvæsken.

62. Brent aubergine og Mograbieh-suppe

Gjør: 4

INGREDIENSER

- 5 små auberginer (omtrent 1,2 kg totalt)
- solsikkeolje, til steking
- 1 løk i skiver (ca. 1 kopp / 125 g totalt)
- 1 ss spisskummen frø, nykvernet
- 1½ ts tomatpuré
- 2 store tomater (12 oz / 350 g totalt), flådd og i terninger
- 1½ kopper / 350 ml kylling- eller grønnsakskraft
- 1⅔ kopper / 400 ml vann
- 4 fedd hvitløk, knust
- 2½ ts sukker
- 2 ss ferskpresset sitronsaft
- ⅓ kopp / 100 g mograbieh, eller alternativ, som maftoul, fregola eller gigantisk couscous (sedelen om Couscous)
- 2 ss strimlet basilikum, eller 1 ss hakket dill, valgfritt
- salt og nykvernet sort pepper

BRUKSANVISNING

a) Start med å brenne tre av auberginene. For å gjøre dette, følg instruksjonene forBrent aubergine med hvitløk, sitron og granateplefrø.

b) Skjær de resterende auberginene i terninger på 1,5 cm. Varm ca ⅔ kopp / 150 ml olje i en stor kjele over middels høy varme. Når det er varmt, tilsett aubergineterningene. Stek i 10 til 15 minutter, rør ofte, til det er farget over alt; tilsett litt mer olje om nødvendig så det alltid er litt olje i pannen. Fjern auberginen, legg i et dørslag for å renne av, og dryss med salt.

c) Pass på at du har ca 1 ss olje igjen i pannen, tilsett deretter løk og spisskummen og fres i ca 7 minutter, rør ofte. Tilsett tomatpureen og kok i ytterligere et minutt før du tilsetter tomater, kraft, vann, hvitløk, sukker, sitronsaft, 1½ ts salt og litt sort pepper. La det småkoke i 15 minutter.

d) I mellomtiden, kok opp en liten kjele med saltet vann og tilsett mograbieh eller alternativ. Kok til al dente; dette vil variere avhengig av merke, men bør ta 15 til 18 minutter (sjekk pakken). Tøm av og oppdater under kaldt vann.

e) Overfør det brente auberginekjøttet til suppen og blend til en jevn væske med en håndmikser. Tilsett mograbieh og stekt aubergine, ha litt til pynt til slutt, og la det småkoke i ytterligere 2 minutter. Smak til og juster krydderet. Server varm, med reservert mograbieh og stekt aubergine på toppen og garnert med basilikum eller dill, hvis du vil.

63. <u>Tomat- og surdeigssuppe</u>

Gjør: 4

INGREDIENSER

- 2 ss olivenolje, pluss ekstra til slutt
- 1 stor løk, hakket (1⅔ kopper / 250 g totalt)
- 1 ts spisskummen frø
- 2 fedd hvitløk, knust
- 3 kopper / 750 ml grønnsakskraft
- 4 store modne tomater, hakket (4 kopper / 650 g totalt)
- en 14-oz / 400 g boks hakkede italienske tomater
- 1 ss superfint sukker
- 1 skive surdeigsbrød (1½ oz / totalt 40 g)
- 2 ss hakket koriander, pluss ekstra til slutt
- salt og nykvernet sort pepper

BRUKSANVISNING

a) Varm oljen i en middels kjele og tilsett løken. Stek i ca 5 minutter, rør ofte, til løken er gjennomsiktig. Tilsett spisskummen og hvitløken og stek i 2 minutter. Hell i kraften, begge tomattypene, sukker, 1 ts salt, og en god kverne sort pepper.

b) La suppen småkoke og kok i 20 minutter, tilsett brødet, revet i biter, halvveis i kokingen. Tilsett til slutt koriander og kjør deretter med en blender i noen få pulser slik at tomatene brytes ned, men fortsatt er litt grove og tykke. Suppen skal være ganske tykk; tilsett litt vann hvis den er for tykk på dette tidspunktet. Server, dryppet med olje og drysset med frisk koriander.

64. Klar kyllingsuppe med knaidlach

Gjør: 4
INGREDIENSER
- 1 frittgående kylling, ca 4½ lb / 2 kg, delt i kvarte, med alle bein, pluss innmat hvis du kan få dem og eventuelle ekstra vinger eller bein du kan få fra slakteren
- 1½ ts solsikkeolje
- 1 kopp / 250 ml tørr hvitvin
- 2 gulrøtter, skrelt og kuttet i ¾-tommers / 2 cm skiver (2 kopper / 250 g totalt)
- 4 selleristilker (ca. 300 g totalt), kuttet i 6 cm segmenter
- 2 mellomstore løk (omtrent 12 oz / 350 g totalt), kuttet i 8 kiler
- 1 stor kålrot (7 oz / 200 g), skrellet, trimmet og kuttet i 8 segmenter
- 2 oz / 50 g haug flatbladpersille
- 2 oz / 50 g haug koriander
- 5 timiankvister
- 1 liten rosmarinkvist
- ¾ oz / 20 g dill, pluss ekstra til pynt
- 3 laurbærblad
- 3½ oz / 100 g fersk ingefær, i tynne skiver
- 20 sorte pepperkorn
- 5 allehånde bær
- salt

KNAIDLACH (Gjør: 12 TIL 15)
- 2 ekstra store egg
- 2½ ss / 40 g margarin eller kyllingfett, smeltet og avkjølt litt
- 2 ss finhakket flatbladpersille
- ⅔ kopp / 75 g matzo måltid
- 4 ss brusvann
- salt og nykvernet sort pepper

BRUKSANVISNING
a) For å lage knaidlach, visp eggene i en middels bolle til de er skummende. Visp inn smeltet margarin, deretter ½ ts salt, litt sort pepper og persille. Rør gradvis inn matzomåltidet, etterfulgt av brusvannet, og rør til en jevn pasta. Dekk til bollen og avkjøl

røren til den er kald og fast, minst en time eller to og opptil 1 dag frem i tid.

b) Kle en bakeplate med plastfolie. Bruk de våte hendene og en skje, form røren til kuler på størrelse med små valnøtter og legg på bakepapiret.

c) Slipp matzokulene i en stor kjele med lettkokende saltet vann. Dekk delvis med lokk og reduser varmen til lav. La det småkoke til det er mørt, ca 30 minutter.

d) Bruk en hullsleiv, flytt knaidlachen over på et rent bakepapir hvor de kan kjøle seg ned, og deretter avkjøles i opptil et døgn. Eller de kan gå rett inn i den varme suppen.

e) For suppen, trim eventuelt overflødig fett av kyllingen og kast. Hell oljen i en veldig stor kjele eller nederlandsk ovn og stek kyllingbitene over høy varme på alle sider, 3 til 4 minutter. Fjern fra pannen, kast oljen og tørk av pannen. Tilsett vinen og la den boble bort i et minutt. Ha kyllingen tilbake, dekk med vann og la den koke forsiktig. La det småkoke i ca. 10 minutter, og skum bort avskummet. Tilsett gulrøtter, selleri, løk og kålrot. Bind alle urtene i en bunt med hyssing og legg i gryten. Tilsett laurbærblader, ingefær, pepperkorn, allehånde og 1½ ts salt og hell deretter i nok vann til å dekke alt godt.

f) Bring suppen tilbake til en veldig forsiktig koking og kok i 1½ time, skum av og til og tilsett vann etter behov for å holde alt godt dekket. Løft kyllingen fra suppen og fjern kjøttet fra beina. Ha kjøttet i en bolle med litt buljong for å holde det fuktig, og avkjøl; reservere til annen bruk. Legg beinene tilbake i gryten og la det småkoke i en time til, tilsett akkurat nok vann til å holde bein og grønnsaker dekket. Sil den varme suppen og kast urter, grønnsaker og bein. Varm den kokte knaidlachen i suppen. Når de er varme, server suppen og knaidlachen i grunne boller, drysset med dill.

65. Krydret freekeh suppe med kjøttboller

Gjør: 6
KJØTTBALLER

INGREDIENSER
- 14 oz / 400 g kjøttdeig, lam eller en kombinasjon av begge
- 1 liten løk (5 oz / 150 g totalt), finkuttet
- 2 ss finhakket flatbladpersille
- ½ ts malt allehånde
- ¼ ts malt kanel
- 3 ss universalmel
- 2 ss olivenolje
- salt og nykvernet sort pepper
- SUPPE
- 2 ss olivenolje
- 1 stor løk (9 oz / 250 g totalt), hakket
- 3 fedd hvitløk, knust
- 2 gulrøtter (9 oz / 250 g totalt), skrellet og kuttet i terninger på 1 cm
- 2 selleristilker (5 oz / 150 g totalt), kuttet i terninger på 1 cm
- 3 store tomater (12 oz / 350 g totalt), hakket
- 2½ ss / 40 g tomatpuré
- 1 ss baharat krydderblanding (kjøpt ellerse oppskrift)
- 1 ss malt koriander
- 1 kanelstang
- 1 ss superfint sukker
- 1 kopp / 150 g sprukket freekeh
- 2 kopper / 500 ml oksekraft
- 2 kopper / 500 ml kyllingkraft
- 3¼ kopper / 800 ml varmt vann
- ⅓ oz / 10 g koriander, hakket
- 1 sitron, kuttet i 6 skiver

BRUKSANVISNING
a) Start med kjøttbollene. I en stor bolle blander du sammen kjøtt, løk, persille, allehånde, kanel, ½ ts salt og ¼ ts pepper. Bruk

hendene, bland godt, form deretter blandingen til ping-pong-størrelse baller og rull dem i melet; du får ca 15. Varm olivenoljen i en stor nederlandsk ovn og stek kjøttbollene på middels varme i noen minutter, til de er gyldenbrune på alle sider. Ta ut kjøttbollene og sett til side.

b) Tørk av pannen med tørkepapir og tilsett olivenolje til suppen. Stek løk og hvitløk på middels varme i 5 minutter. Rør inn gulrøtter og selleri og stek i 2 minutter. Tilsett tomater, tomatpuré, krydder, sukker, 2 ts salt og ½ ts pepper og kok i 1 minutt til. Rør inn freekeh og kok i 2 til 3 minutter. Tilsett kraft, varmt vann og kjøttboller. Kok opp, senk varmen og la det småkoke veldig forsiktig i ytterligere 35 til 45 minutter, rør av og til, til freekeh er lubben og mør. Suppen skal være ganske tykk. Reduser eller tilsett litt vann etter behov. Smak til og juster krydderet til slutt.

c) Hell den varme suppen i serveringsboller og dryss over koriander. Server sitronbåtene ved siden av.

66. Lammefylt kvede med granateple og koriander

Gjør: 4

INGREDIENSER

- 14 oz / 400 g malt lam
- 1 fedd hvitløk, knust
- 1 rød chili, hakket
- ⅔ oz / 20 g koriander, hakket, pluss 2 ss, til pynt
- ½ kopp / 50 g brødsmuler
- 1 ts malt allehånde
- 2 ss finrevet fersk ingefær
- 2 mellomstore løk, finhakket (1⅓ kopper / 220 g totalt)
- 1 stort frittgående egg
- 4 kvede (2¾ lb / 1,3 kg totalt)
- saft av ½ sitron, pluss 1 ss ferskpresset sitronsaft
- 3 ss olivenolje
- 8 kardemommebelger
- 2 ts granateplemelasse
- 2 ts sukker
- 2 kopper / 500 ml kyllingkraft
- frø av ½ granateple
- salt og nykvernet sort pepper

BRUKSANVISNING

a) Legg lammet i en miksebolle sammen med hvitløk, chili, koriander, brødsmuler, allehånde, halvparten av ingefæren, halvparten av løken, egget, ¾ ts salt og litt pepper. Bland godt med hendene og sett til side.

b) Skrell kvede og halver dem på langs. Legg dem i en bolle med kaldt vann med saften av ½ sitron slik at de ikke blir brune. Bruk en melonballer eller en liten skje til å fjerne frøene og hul deretter ut kvedehalvdelene slik at du sitter igjen med et ⅔-tommers / 1,5 cm skall. Behold det øsede kjøttet. Fyll fordypningene med lammeblandingen, bruk hendene til å presse den ned.

c) Varm olivenoljen i en stor stekepanne som du har lokk til. Plasser det reserverte kvedekjøttet i en foodprosessor, blend for å hakke godt, og overfør deretter blandingen til pannen sammen med den gjenværende løken, ingefæren og kardemommebelgene. Stek i 10 til 12 minutter, til løken er myk. Tilsett melasse, 1 ss sitronsaft, sukker, kraft, ½ ts salt og litt sort pepper og bland godt. Tilsett kvedehalvdelene i sausen, med kjøttfyllet vendt oppover, senk varmen til en svak koking, dekk til pannen og stek i ca. 30 minutter. Til slutt skal kveden være helt myk, kjøttet gjennomstekt og sausen tykk. Løft på lokket og la det småkoke i et minutt eller to for å redusere sausen om nødvendig.

d) Serveres varm eller i romtemperatur, drysset med koriander og granateplefrø.

67. Nepe- og kalvekake

Gjør: 4

INGREDIENSER

- 1⅓ kopper / 300 g basmatiris
- 14 oz / 400 g malt kalvekjøtt, lam eller storfekjøtt
- ½ kopp / 30 g hakket flatbladpersille
- 1½ ts baharat krydderblanding (kjøpt ellerse oppskrift)
- ½ ts malt kanel
- ½ ts chileflak
- 2 ss olivenolje
- 10 til 15 mellomstore kålrot (3¼ lb / 1,5 kg totalt)
- ca 1⅔ kopper / 400 ml solsikkeolje
- 2 kopper / 300 g hakkede tomater, hermetisert er fint
- 1½ ss tamarindpasta
- ¾ kopp pluss 2 ss / 200 ml kyllingkraft, varm
- 1 kopp / 250 ml vann
- 1½ ss superfint sukker
- 2 timiankvister, blader plukket
- salt og nykvernet sort pepper

BRUKSANVISNING

a) Vask risen og renn godt av. Ha i en stor miksebolle og tilsett kjøtt, persille, baharat, kanel, 2 ts salt, ½ ts pepper, chili og olivenolje. Bland godt og sett til side.

b) Skrell kålrotene og skjær dem i skiver ⅜ tommer / 1 cm tykke. Varm nok solsikkeolje over middels høy varme til å komme 2 cm opp på sidene av en stor stekepanne. Stek kålrotskivene i omganger i 3 til 4 minutter per omgang, til de er gylne. Ha over på en tallerken dekket med papirhåndklær, dryss over litt salt og la den avkjøles.

c) Ha tomater, tamarind, kraft, vann, sukker, 1 ts salt og ½ ts pepper i en stor miksebolle. Visp godt. Hell omtrent en tredjedel av denne væsken i en middels, tykkbunnet kjele (24 cm i diameter). Ordne en tredjedel av kålrotskivene inni. Tilsett halvparten av risblandingen og jevn. Legg et nytt lag med neper, etterfulgt av andre halvdel av risen. Avslutt med den siste av kålroten, trykk forsiktig ned med hendene. Hell den resterende tomatvæsken over kålroten og rislagene og dryss over timian. Skyv forsiktig en slikkepott ned langs sidene av gryten for å la saften renne til bunnen.

d) Sett på middels varme og kok opp. Senk varmen til et absolutt minimum, dekk til og la det småkoke i 1 time. Ta av varmen, avdekk og la hvile i 10 til 15 minutter før servering. Dessverre er det umulig å snu kaken over på et fat da den ikke holder formen, så den må skjees ut.

68. Hannukah Fylt løk

Gjør: OM 16 FYLTE LØK

INGREDIENSER

- 4 store løk (2 lb / 900 g totalt, skrellet vekt) ca 1⅓ kopper / 400 ml grønnsakskraft
- 1½ ss granateplemelasse
- salt og nykvernet sort pepper
- FYLL
- 1½ ss olivenolje
- 1 kopp / 150 g finhakket sjalottløk
- ½ kopp / 100 g kortkornet ris
- ¼ kopp / 35 g pinjekjerner, knuste
- 2 ss hakket fersk mynte
- 2 ss hakket flatbladpersille
- 2 ts tørket mynte
- 1 ts malt spisskummen
- ⅛ ts malt nellik
- ¼ ts malt allehånde
- ¾ ts salt
- ½ ts nykvernet sort pepper
- 4 sitronbåter (valgfritt)

BRUKSANVISNING

a) Skrell og skjær ca. 0,5 cm av toppen og halen av løkene, legg den trimmede løken i en stor kjele med mye vann, kok opp og stek i 15 minutter. Hell av og sett til side for avkjøling.

b) For å forberede farsen, varm olivenoljen i en middels stekepanne over middels høy varme og tilsett sjalottløken. Stek i 8 minutter, rør ofte, og tilsett deretter alle de resterende ingrediensene unntatt sitronskivene. Skru varmen til lav og fortsett å koke og rør i 10 minutter.

c) Bruk en liten kniv til å lage et langt kutt fra toppen av løken til bunnen, løpende helt til midten, slik at hvert lag med løk har bare en spalte som går gjennom seg. Begynn å forsiktig skille løklagene, etter hverandre, til du når kjernen. Ikke bekymre deg hvis noen av lagene river litt gjennom peelingen; du kan fortsatt bruke dem.

d) Hold et lag med løk i den ene hånden og skje ca 1 ss av risblandingen i halvparten av løken, plasser fyllet nær den ene enden av åpningen. Ikke la deg friste til å fylle den opp mer, da den må pakkes godt og tett inn. Brett den tomme siden av løken over den fylte siden og rull den godt sammen slik at risen er dekket med et par lag løk uten luft i midten. Legg i en middels stekepanne som du har lokk på, sømsiden ned, og fortsett med den resterende løk- og risblandingen. Legg løkene side ved side i pannen, slik at det ikke er plass til å bevege seg. Fyll eventuelle mellomrom med deler av løken som ikke er fylt. Tilsett nok kraft slik at løken er tre fjerdedeler dekket, sammen med granateplemelassen, og smak til med ¼ ts salt.

e) Dekk til pannen og la det småkoke i 1½ til 2 timer til væsken har fordampet. Serveres varm eller i romtemperatur, med sitronbåter om du vil.

69. HannukahÅpne Kibbeh

Gjør: 6

INGREDIENSER
- 1 kopp / 125 g fin bulgurhvete
- 1 kopp / 200 ml vann
- 6 ss / 90 ml olivenolje
- 2 fedd hvitløk, knust
- 2 mellomstore løk, finhakket
- 1 grønn chili, finhakket
- 12 oz / 350 g malt lam
- 1 ts malt allehånde
- 1 ts malt kanel
- 1 ts malt koriander
- 2 ss grovhakket koriander
- ½ kopp / 60 g pinjekjerner
- 3 ss grovhakket flatbladpersille
- 2 ss selvhevende mel, pluss litt ekstra om nødvendig
- 3½ ss / 50 g lett tahinipasta
- 2 ts ferskpresset sitronsaft
- 1 ts sumac
- salt og nykvernet sort pepper

BRUKSANVISNING
a) Forvarm ovnen til 400°F / 200°C. Kle en 8-tommers / 20 cm springform med vokset papir.

b) Legg bulguren i en stor bolle og dekk den med vann. La stå i 30 minutter.

c) Varm i mellomtiden 4 ss olivenolje i en stor stekepanne over middels høy varme. Fres hvitløk, løk og chili til de er helt myke. Fjern alt fra pannen, sett det tilbake på høy varme og tilsett lammet. Kok i 5 minutter, rør kontinuerlig, til den er brun.

d) Ha løkblandingen tilbake i pannen og tilsett krydder, koriander, ½ ts salt, en sjenerøs maling av sort pepper, og det meste av pinjekjernene og persille, og la litt være til side. Kok i et par minutter, fjern fra varmen, smak til og juster krydderet.

e) Sjekk bulguren for å se om alt vannet er absorbert. Tøm for å fjerne eventuell gjenværende væske. Tilsett melet, 1 ss olivenolje, ¼ ts salt og en klype sort pepper og bruk hendene til å jobbe alt sammen til en smidig blanding som bare holder sammen; tilsett litt mer mel hvis blandingen er veldig klissete. Skyv godt på bunnen av springformen slik at den blir komprimert og jevn. Fordel lammeblandingen jevnt på toppen og trykk den litt ned. Stek i ca 20 minutter, til kjøttet er ganske mørkebrunt og veldig varmt.

f) Mens du venter, visp sammen tahinipasta med sitronsaft, 3½ ss / 50 ml vann og en klype salt. Du er ute etter en veldig tykk, men hellbar saus. Om nødvendig, tilsett litt ekstra vann.

g) Ta kibbeh-kaken ut av ovnen, fordel tahinisausen jevnt på toppen, dryss over de reserverte pinjekjernene og hakket persille, og sett tilbake i ovnen umiddelbart. Stek i 10 til 12 minutter, til tahinien akkurat har stivnet og har fått litt farge, og pinjekjernene er gylne.

h) Ta den ut av ovnen og la den avkjøles til den er varm eller romtemperatur. Før servering, dryss toppen med sumac og drypp med resten av oljen. Fjern forsiktig pannesidene og skjær kibbehen i skiver. Løft dem forsiktig så de ikke går i stykker.

70. Kubbeh hamusta

Gjør: 6

INGREDIENSER
KUBBEH STØY
- 1½ ss solsikkeolje
- ½ middels løk, veldig finhakket (½ kopp / 75 g totalt)
- 12 oz / 350 g kjøttdeig
- ½ ts malt allehånde
- 1 stort fedd hvitløk, knust
- 2 bleke selleristilker, veldig finhakket, eller like mye hakkede bladselleri (½ kopp / 60 g totalt)
- salt og nykvernet sort pepper
- KUBBEH-SAKER
- 2 kopper / 325 g semulegryn
- 5 ss / 40 g universalmel
- 1 kopp / 220 ml varmt vann
- SUPPE
- 4 fedd hvitløk, knust
- 5 stangselleri, blader plukket og stilker kuttet på skrå i 1,5 cm skiver (2 kopper / 230 g totalt)
- 10½ oz / 300 g mangoldblader, kun grønn del, kuttet i ⅓-tommers / 2 cm strimler
- 2 ss solsikkeolje
- 1 stor løk, grovhakket (1¼ kopper / 200 g totalt)
- 2 liter / 2 liter kyllingkraft
- 1 stor zucchini, kuttet i terninger på 1 cm (1⅓ kopper / 200 g totalt)
- 6½ ss / 100 ml ferskpresset sitronsaft, pluss ekstra om nødvendig
- sitronbåter, til servering

BRUKSANVISNING
a) Forbered først kjøttfyllet. Varm oljen i en middels stekepanne, og tilsett løken. Kok over middels varme til den er gjennomsiktig, ca 5 minutter. Tilsett biff, allehånde, ¾ ts salt og en god kverne sort pepper og rør mens du steker i 3 minutter, bare for å brune.

171

Reduser varmen til middels lav og la kjøttet koke sakte i ca. 20 minutter, til det er helt tørt, rør om fra tid til annen. Til slutt tilsett hvitløk og selleri, stek i ytterligere 3 minutter, og fjern fra varmen. Smak til og juster krydderet. La det avkjøles.

b) Mens biffblandingen koker, forbereder du kubbeh-sakene. Bland semulegryn, mel og ¼ ts salt i en stor miksebolle. Tilsett gradvis vannet, rør med en tresleiv og deretter hendene til du får en klissete deig. Dekk til med en fuktig klut og sett til side for å hvile i 15 minutter.

c) Elt deigen i noen minutter på en arbeidsflate. Den skal være smidig og smørbar uten å sprekke. Tilsett litt vann eller mel om nødvendig. For å lage dumplings, få en bolle med vann og våt hendene (sørg for at hendene er våte gjennom hele prosessen for å unngå å sette seg fast). Ta et stykke deig som veier ca. 1 oz / 30 g og flat det i håndflaten; du sikter på disker 4 tommer / 10 cm i diameter. Legg ca 2 ts av fyllet i midten. Brett kantene over fyllet for å dekke og forsegle det deretter inni. Rull kubbeh mellom hendene for å danne en ball og trykk den deretter ned til en rund, flat form ca. 3 cm tykk. Legg dumplings på et brett dekket med plastfolie og dryppet med litt vann og la dem stå til siden.

d) Til suppen legger du hvitløken, halvparten av sellerien og halvparten av chardinen i en foodprosessor og blender til en grov pasta. Varm oljen i en stor kjele på middels varme og fres løken i ca 10 minutter til den er gyllen. Tilsett selleri og mangoldpasta og stek i 3 minutter til. Tilsett kraften, squash, gjenværende selleri og mangold, sitronsaft, 1 ts salt og ½ ts sort pepper. Kok opp og kok i 10 minutter, smak og juster krydderet. Den må være skarp, så tilsett en spiseskje sitronsaft om du trenger det.

e) Til slutt legger du kubbeh forsiktig til suppen – noen få om gangen, så de ikke fester seg til hverandre – og la det småkoke i 20 minutter. La det stå til side i en god halvtime for at de skal sette seg og myke, varmes opp igjen og serveres. Følg med en sitronskive for et ekstra sitronspark.

71. Fylte Romano Peppers

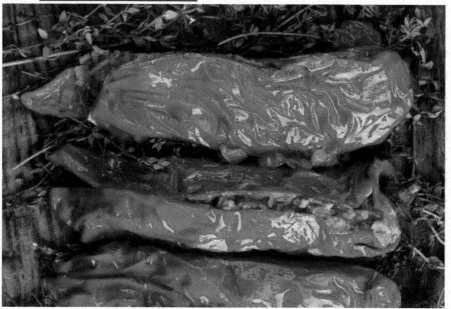

Gjør: 4 GENERØST

INGREDIENSER

- 8 medium Romano eller annen søt paprika
- 1 stor tomat, grovhakket (1 kopp / 170 g totalt)
- 2 mellomstore løk, grovhakket (1⅓ kopper / 250 g totalt)
- ca 2 kopper / 500 ml grønnsakskraft
- FYLL
- ¾ kopp / 140 g basmatiris
- 1½ ss baharat krydderblanding (kjøpt ellerse oppskrift)
- ½ ts malt kardemomme
- 2 ss olivenolje
- 1 stor løk, finhakket (1⅓ kopper / 200 g totalt)
- 14 oz / 400 g malt lam
- 2½ ss hakket flatbladpersille
- 2 ss hakket dill
- 1½ ss tørket mynte
- 1½ ts sukker
- salt og nykvernet sort pepper

BRUKSANVISNING

a) Start med fyllet. Ha risen i en kjele og dekk med lettsaltet vann. Kok opp og kok deretter i 4 minutter. Hell av, oppdater under kaldt vann og sett til side.

b) Tørrstek krydderne i en stekepanne. Tilsett olivenolje og løk og stek i ca 7 minutter, rør ofte, til løken er myk. Hell dette sammen med ris, kjøtt, urter, sukker og 1 ts salt i en stor miksebolle. Bruk hendene til å blande alt godt sammen.

c) Start fra stilken, bruk en liten kniv til å skjære tre fjerdedeler på langs av hver paprika, uten å fjerne stilken, og skape en lang åpning. Uten å tvinge paprikaen opp for mye, fjern frøene og fyll deretter hver paprika med like mye av blandingen.

d) Ha hakket tomat og løk i en veldig stor stekepanne som du har et tettsittende lokk til. Plasser paprikaene på toppen, tett sammen, og hell i akkurat nok kraft slik at den kommer 1 cm opp på sidene av paprikaene. Smak til med ½ ts salt og litt sort pepper. Dekk kjelen med lokk og la det småkoke på lavest mulig varme i en time. Det er viktig at fyllet bare er dampet, så lokket må sitte tett; pass på at det alltid er litt væske i bunnen av pannen. Server paprikaene varme, ikke varme eller ved romtemperatur.

72. Fylt aubergine med lam og pinjekjerner

Gjør: 4 GENERØST

INGREDIENSER
- 4 mellomstore auberginer (ca. 2½ lb / 1,2 kg), halvert på langs
- 6 ss / 90 ml olivenolje
- 1½ ts malt spisskummen
- 1½ ss søt paprika
- 1 ss malt kanel
- 2 mellomstore løk (12 oz / 340 g totalt), finhakket
- 1 lb / 500 g malt lam
- 7 ss / 50 g pinjekjerner
- ⅔ oz / 20 g flatbladpersille, hakket
- 2 ts tomatpuré
- 3 ts superfint sukker
- ⅔ kopp / 150 ml vann
- 1½ ss ferskpresset sitronsaft
- 1 ts tamarindpasta
- 4 kanelstenger
- salt og nykvernet sort pepper

BRUKSANVISNING
a) Forvarm ovnen til 425°F / 220°C.

b) Legg auberginehalvdelene, med skinnsiden ned, i en stekepanne som er stor nok til å romme dem tett. Pensle kjøttet med 4 ss olivenolje og smak til med 1 ts salt og rikelig med sort pepper. Stek i ca 20 minutter, til de er gyldenbrune. Ta ut av ovnen og la avkjøles litt.

c) Mens auberginene koker, kan du begynne å lage farsen ved å varme de resterende 2 ss olivenolje i en stor stekepanne. Bland sammen spisskummen, paprikaen og malt kanel og tilsett halvparten av denne krydderblandingen i pannen, sammen med løken. Kok over middels høy varme i ca. 8 minutter, rør ofte, før du tilsetter lam, pinjekjerner, persille, tomatpuré, 1 ts sukker, 1 ts salt og litt sort pepper. Fortsett å koke og rør i ytterligere 8 minutter, til kjøttet er stekt.

d) Ha den resterende krydderblandingen i en bolle og tilsett vann, sitronsaft, tamarind, de resterende 2 ts sukker, kanelstenger og ½ ts salt; Bland godt.

e) Reduser ovnstemperaturen til 375 °F / 195 °C. Hell krydderblandingen i bunnen av aubergine-stekepannen. Hell lammeblandingen på toppen av hver aubergine. Dekk pannen tett med aluminiumsfolie, sett tilbake i ovnen og stek i 1½ time, da skal auberginene være helt myke og sausen tykk; to ganger under kokingen, fjern folien og drypp auberginene med sausen, tilsett litt vann hvis sausen tørker ut. Serveres varm, ikke varm eller ved romtemperatur.

73. <u>Fylte poteter</u>

Gjør: 4 TIL 6

INGREDIENSER

- 1 lb / 500 g kjøttdeig
- ca 2 kopper / 200 g hvite brødsmuler
- 1 middels løk, finhakket (¾ kopp / 120 g totalt)
- 2 fedd hvitløk, knust
- ⅔ oz / 20 g flatbladpersille, finhakket
- 2 ss timianblader, hakket
- 1½ ts malt kanel
- 2 store frittgående egg, pisket
- 3¼ lb / 1,5 kg medium Yukon Gold-poteter, ca. 3¾ x 2¼ tommer / 9 x 6 cm, skrellet og halvert på langs
- 2 ss hakket koriander
- salt og nykvernet sort pepper

TOMATSAUS

- 2 ss olivenolje
- 5 fedd hvitløk, knust
- 1 middels løk, finhakket (¾ kopp / 120 g totalt)
- 1½ selleristilker, finhakket (⅔ kopp / totalt 80 g)
- 1 liten gulrot, skrelt og finhakket (½ kopp / 70 g totalt)
- 1 rød chili, finhakket
- 1½ ts malt spisskummen
- 1 ts malt allehånde
- klype røkt paprika
- 1½ ts søt paprika
- 1 ts karvefrø, knust med en morter og stamper eller krydderkvern
- en 28-oz / 800 g boks hakkede tomater
- 1 ss tamarindpasta
- 1½ ts superfint sukker

BRUKSANVISNING

a) Start med tomatsausen. Varm olivenoljen i den bredeste stekepannen du har; du trenger også et lokk til den. Tilsett hvitløk, løk, selleri, gulrot og chili og fres på lav varme i 10 minutter til grønnsakene er myke. Tilsett krydder, rør godt og stek i 2 til 3 minutter. Hell i hakkede tomater, tamarind, sukker, ½ ts salt og litt sort pepper og kok opp. Fjern fra varmen.

b) For å lage de fylte potetene, legg biff, brødsmuler, løk, hvitløk, persille, timian, kanel, 1 ts salt, litt sort pepper og eggene i en miksebolle. Bruk hendene til å kombinere alle ingrediensene godt.

c) Hul ut hver potethalvdel med en melonballer eller en teskje, og lag et skall ⅔ tomme / 1,5 cm tykt. Fyll kjøttblandingen inn i hvert hulrom, bruk hendene til å skyve den rett ned slik at den fyller poteten helt. Press alle potetene forsiktig ned i tomatsausen slik at de sitter tett i tett, med kjøttfyllet oppover. Tilsett ca. 1¼ kopper / 300 ml vann, eller akkurat nok til å nesten dekke karbonadene med saus, la det småkoke, dekk kjelen med lokk og la det koke sakte i minst 1 time eller enda lenger, til sausen er tykk og potetene er veldig myke. Hvis sausen ikke har tyknet nok, fjern lokket og reduser i 5 til 10 minutter. Server varm eller varm, pyntet med koriander.

74. Fylte artisjokker med erter og dill

Gjør: 4

INGREDIENSER

- 14 oz / 400 g purre, trimmet og kuttet i ¼-tommers / 0,5 cm skiver
- 9 oz / 250 g kjøttdeig
- 1 stort frittgående egg
- 1 ts malt allehånde
- 1 ts malt kanel
- 2 ts tørket mynte
- 12 mellomstore jordskokker eller tint frossen artisjokkbunn (se introduksjon)
- 6 ss / 90 ml ferskpresset sitronsaft, pluss juice av ½ sitron hvis du bruker ferske artisjokker
- ⅓ kopp / 80 ml olivenolje
- universalmel, for å dekke artisjokkene
- ca. 2 kopper / 500 ml kylling- eller grønnsakskraft
- 1⅓ kopper / 200 g frosne erter
- ⅓ oz / 10 g dill, grovhakket
- salt og nykvernet sort pepper

BRUKSANVISNING

a) Blancher purren i kokende vann i 5 minutter. Tøm, frisk opp og klem ut vannet.

b) Grovhakk purren og ha i en miksebolle sammen med kjøtt, egg, krydder, mynte, 1 ts salt og rikelig med pepper. Rør godt om.

c) Hvis du bruker ferske artisjokker, tilbered en bolle med vann og saften av ½ sitron. Fjern stilken fra artisjokken og trekk av de seige ytre bladene. Når du når de mykere, bleke bladene, bruk en stor skarp kniv til å skjære over blomsten slik at du sitter igjen med den nederste fjerdedelen. Bruk en liten, skarp kniv eller en grønnsaksskreller for å fjerne de ytre lagene av artisjokken til bunnen, eller bunnen, er synlig. Skrap ut den hårete "choken" og legg basen i det surde vannet. Kast resten, og gjenta med de andre artisjokkene.

d) Ha 2 ss olivenolje i en kjele som er bred nok til å holde artisjokkene liggende flate og varm opp på middels varme. Fyll hver artisjokkbunn med 1 til 2 ss av biffblandingen, press fyllet inn. Rull bunnene forsiktig inn i litt mel, belegg lett og rist av overflødig. Stek i den varme oljen i 1½ minutt på hver side. Tørk kjelen ren og legg artisjokkene tilbake i pannen, og legg dem flate og tett ved siden av hverandre.

e) Bland kraften, sitronsaften og den resterende oljen og smak til med salt og pepper. Hell skjeer av væsken over artisjokkene til de er nesten, men ikke helt, nedsenket; du trenger kanskje ikke all væsken. Legg et stykke bakepapir over artisjokkene, dekk kjelen med lokk, og la det småkoke på svak varme i 1 time. Når de er klare, skal det bare være rundt 4 ss væske igjen. Ta eventuelt av lokk og papir og reduser sausen. Sett kjelen til side til artisjokkene er akkurat varme eller romtemperatur.

f) Når du er klar til servering, blancherer du ertene i 2 minutter. Hell av og tilsett dem og dillen i pannen med artisjokkene, smak til og bland alt forsiktig sammen.

75. Stekt kylling med jordskokk

Gjør: 4

INGREDIENSER

- 1 lb / 450 g jordskokker, skrellet og kuttet på langs i 6 kiler ⅔ tomme / 1,5 cm tykke
- 3 ss ferskpresset sitronsaft
- 8 skinn-på, utbenet kyllinglår, eller 1 middels hel kylling, delt i kvarte
- 12 bananer eller andre store sjalottløk, halvert på langs
- 12 store fedd hvitløk, i skiver
- 1 middels sitron, halvert på langs og deretter svært tynne skiver
- 1 ts safran tråder
- 3½ ss / 50 ml olivenolje
- ¾ kopp / 150 ml kaldt vann
- 1¼ ss rosa pepperkorn, lett knust
- ¼ kopp / 10 g friske timianblader
- 1 kopp / 40 g estragonblader, hakket
- 2 ts salt
- ½ ts nykvernet sort pepper

BRUKSANVISNING

a) Ha jordskokkene i en middels kjele, dekk til med rikelig med vann og tilsett halvparten av sitronsaften. Kok opp, senk varmen og la det småkoke i 10 til 20 minutter, til de er møre, men ikke myke. Tøm og la avkjøle.

b) Ha jordskokkene og alle de resterende ingrediensene, unntatt den resterende sitronsaften og halvparten av estragonen, i en stor miksebolle og bruk hendene til å blande alt godt sammen. Dekk til og la stå i kjøleskapet over natten, eller i minst 2 timer.

c) Forvarm ovnen til 475°F / 240°C. Plasser kyllingbitene med skinnsiden opp i midten av en langpanne og fordel de resterende ingrediensene rundt kyllingen. Stek i 30 minutter. Dekk pannen med aluminiumsfolie og stek i ytterligere 15 minutter. På dette tidspunktet skal kyllingen være helt gjennomstekt. Ta ut av ovnen og tilsett den reserverte estragonen og sitronsaften. Rør godt, smak til og tilsett mer salt om nødvendig. Server med en gang.

76. Posjert kylling med freekeh

Gjør: 4 GENERØST

INGREDIENSER

- 1 liten frittgående kylling, ca 3¼ lb / 1,5 kg
- 2 lange kanelstenger
- 2 mellomstore gulrøtter, skrelt og kuttet i skiver ¾ tommer / 2 cm tykke
- 2 laurbærblader
- 2 bunter flatbladpersille (omtrent 70 g totalt)
- 2 store løk
- 2 ss olivenolje
- 2 kopper / 300 g sprukket freekeh
- ½ ts malt allehånde
- ½ ts malt koriander
- 2½ ss / 40 g usaltet smør
- ⅔ kopp / 60 g skivede mandler
- salt og nykvernet sort pepper

BRUKSANVISNING

a) Legg kyllingen i en stor gryte, sammen med kanel, gulrøtter, laurbærblader, 1 haug med persille og 1 ts salt. Kvarter 1 løk og tilsett den i kjelen. Tilsett kaldt vann for å nesten dekke kyllingen; kok opp og la det småkoke under lokk i 1 time, og skum av og til olje og skum vekk fra overflaten.

b) Omtrent halvveis gjennom tilberedningen av kyllingen, skjær den andre løken i tynne skiver og legg den i en middels gryte med olivenolje. Stek på middels lav varme i 12 til 15 minutter, til løken blir gyllenbrun og myk. Tilsett freekeh, allehånde, koriander, ½ ts salt og litt sort pepper. Rør godt og tilsett deretter 2½ kopper / 600 ml av kyllingbuljongen. Skru varmen opp til middels høy. Så snart buljongen koker, dekk til pannen og senk varmen. La det småkoke i 20 minutter, fjern deretter fra varmen og la stå tildekket i 20 minutter til.

c) Fjern bladene fra den gjenværende persillebunten og hakk dem opp, ikke for fint. Tilsett mesteparten av den hakkede persillen til den kokte freekeh, bland den inn med en gaffel.

d) Løft kyllingen opp av buljongen og legg den på et skjærebrett. Skjær forsiktig av brystene og skjær dem i tynne skiver på skrå; fjern kjøttet fra beina og lårene. Hold kyllingen og freekeh varm.

e) Når du er klar til servering, legg smør, mandler og litt salt i en liten stekepanne og stek til de er gylne. Hell freekeh på individuelle serveringsfat eller ett fat. Topp med legg- og lårkjøtt, og legg deretter brystskivene pent på toppen. Avslutt med mandler og smør og et dryss persille.

77. Kylling med løk og kardemommeris

Gjør: 4

INGREDIENSER

- 3 ss / 40 g sukker
- 3 ss / 40 ml vann
- 2½ ss / 25 g berberbær (eller rips)
- 4 ss olivenolje
- 2 mellomstore løk i tynne skiver (totalt 2 kopper / 250 g)
- 2¼ lb / 1 kg skinn-på, utbenede kyllinglår, eller 1 hel kylling, delt i kvarte
- 10 kardemommestenger
- avrundet ¼ ts hele nellik
- 2 lange kanelstenger, delt i to
- 1⅔ kopper / 300 g basmatiris
- 2¼ kopper / 550 ml kokende vann
- 1½ ss / 5 g flatbladede persilleblader, hakket
- ½ kopp / 5 g dillblader, hakket
- ¼ kopp / 5 g korianderblader, hakket
- ⅓ kopp / 100 g gresk yoghurt, blandet med 2 ss olivenolje (valgfritt)
- salt og nykvernet sort pepper

BRUKSANVISNING

a) Ha sukkeret og vannet i en liten kjele og varm opp til sukkeret er oppløst. Ta av varmen, tilsett barbærene og sett til side for å bløtlegge. Hvis du bruker rips, trenger du ikke bløtlegge dem på denne måten.

b) I mellomtiden, varm halvparten av olivenoljen i en stor sautépanne som du har lokk på over middels varme, tilsett løken og stek i 10 til 15 minutter, rør av og til, til løken har blitt dyp gyldenbrun. Ha løken over i en liten bolle og tørk pannen ren.

c) Legg kyllingen i en stor miksebolle og smak til med 1½ ts salt og sort pepper. Tilsett den resterende olivenoljen, kardemomme, nellik og kanel og bruk hendene til å blande alt godt sammen. Varm opp stekepannen igjen og legg kyllingen og krydder i den.

Stek i 5 minutter på hver side og ta ut av pannen (dette er viktig siden det delvis steker kyllingen). Krydder kan holde seg i pannen, men ikke bekymre deg om de fester seg til kyllingen. Fjern også det meste av oljen, og la bare en tynn film ligge i bunnen. Tilsett ris, karamellisert løk, 1 ts salt og rikelig med sort pepper. Hell av berberiene og tilsett dem også. Rør godt og legg den stekte kyllingen tilbake i pannen, skyv den inn i risen.

d) Hell det kokende vannet over risen og kyllingen, dekk til pannen og kok på svært lav varme i 30 minutter. Ta kjelen av varmen, ta av lokket, legg raskt et rent kjøkkenhåndkle over pannen og forsegl igjen med lokket. La retten stå uforstyrret i ytterligere 10 minutter. Til slutt tilsett urtene og bruk en gaffel til å røre dem inn og lufte opp risen. Smak til og tilsett mer salt og pepper om nødvendig. Server varm eller varm med yoghurt om du vil.

78. <u>Hakket lever</u>

Gjør: 4 TIL 6

INGREDIENSER

- 6½ ss / 100 ml smeltet gåse- eller andefett
- 2 store løk i skiver (ca. 3 kopper / 400 g totalt)
- 14 oz / 400 g kyllinglever, renset og brutt ned i omtrent 1¼-tommers / 3 cm biter
- 5 ekstra store frittgående egg, hardkokte
- 4 ss dessertvin
- 1 ts salt
- ½ ts nykvernet sort pepper
- 2 til 3 grønne løk, i tynne skiver
- 1 ss hakket gressløk

BRUKSANVISNING

a) Ha to tredjedeler av gåsefettet i en stor stekepanne og stek løken på middels varme i 10 til 15 minutter, rør av og til, til den er mørk brun. Ta løken ut av pannen, skyv den litt ned mens du gjør det, slik at du sitter igjen med litt fett i pannen. Tilsett litt fett om nødvendig. Tilsett leverene og kok dem i opptil 10 minutter, rør fra tid til annen, til de er skikkelig stekt i midten – det skal ikke komme noe blod ut på dette stadiet.

b) Bland leverene med løken før du hakker dem sammen. Den beste måten å gjøre dette på er med en kjøttkvern, behandle blandingen to ganger for å få riktig tekstur. Har du ikke kjøttkvern er det også greit med en foodprosessor. Blikk løken og leveren i to eller tre omganger slik at maskinbollen ikke er veldig full. Puls i 20 til 30 sekunder, og kontroller deretter at leveren og løken har blitt til en jevn jevn, men fortsatt "hudet" pasta. Ha alt over i en stor miksebolle.

c) Skrell eggene, riv deretter to av dem grovt og ytterligere to fint og tilsett dem i leverblandingen. Tilsett det resterende fettet, dessertvinen og salt og pepper og vend alt forsiktig sammen. Overfør blandingen til en ikke-metallisk flat tallerken og dekk overflaten tett med plastfolie. La den avkjøles, og oppbevar den i kjøleskapet i minst 2 timer for å stivne litt.

d) For å servere, finhakk det resterende egget. Hell den hakkede leveren på individuelle serveringsfat, pynt med det hakkede egget og dryss over grønnløk og gressløk.

79. Safrankylling- og urtesalat

Gjør: 6

INGREDIENSER
- 1 appelsin
- 2½ ss / 50 g honning
- ½ ts safran tråder
- 1 ss hvitvinseddik
- 1¼ kopper / ca 300 ml vann
- 2¼ lb / 1 kg skinnfritt, benfritt kyllingbryst
- 4 ss olivenolje
- 2 små fennikelløker, i tynne skiver
- 1 kopp / 15 g plukkede korianderblader
- ⅔ kopp / 15 g plukkede basilikumblader, revet
- 15 plukkede mynteblader, revet
- 2 ss ferskpresset sitronsaft
- 1 rød chili, i tynne skiver
- 1 fedd hvitløk, knust
- salt og nykvernet sort pepper

BRUKSANVISNING

a) Forvarm ovnen til 400°F / 200°C. Trim og kast 1 cm fra toppen og halen av appelsinen og skjær den i 12 kiler, mens skinnet holdes på. Fjern eventuelle frø.

b) Legg stykkene i en liten kjele med honning, safran, eddik og akkurat nok vann til å dekke appelsinkilene. Kok opp og la det småkoke i ca en time. På slutten bør du sitte igjen med myk appelsin og ca 3 ss tykk sirup; tilsett vann under kokingen hvis væsken blir veldig lav. Bruk en foodprosessor til å blende appelsinen og sirupen til en jevn, rennende pasta; igjen, tilsett litt vann om nødvendig.

c) Bland kyllingbrystet med halvparten av olivenolje og rikelig med salt og pepper og legg på en veldig varm rillet stekepanne. Stek i ca 2 minutter på hver side for å få tydelige røyemerker over det hele. Overfør til en langpanne og sett i ovnen i 15 til 20 minutter, til den er akkurat gjennomstekt.

d) Når kyllingen er kjølig nok til å håndtere, men fortsatt varm, riv den med hendene i grove, ganske store biter. Ha i en stor miksebolle, hell over halvparten av appelsinpastaen og rør godt. (Den andre halvparten kan du oppbevare i kjøleskapet i noen dager. Den vil være et godt tillegg til en urtesalsa å servere med fet fisk som makrell eller laks.) Tilsett de resterende ingrediensene i salaten, inkludert resten av salaten olivenolje, og bland forsiktig. Smak til, tilsett salt og pepper, og om nødvendig mer olivenolje og sitronsaft.

80. <u>Hannukah kylling sofrito</u>

INGREDIENSER

- 1 ss solsikkeolje
- 1 liten frittgående kylling, ca 3¼ lb / 1,5 kg, butterflyed eller firkantet
- 1 ts søt paprika
- ¼ ts malt gurkemeie
- ¼ ts sukker
- 2½ ss ferskpresset sitronsaft
- 1 stor løk, skrelt og delt i kvarte
- solsikkeolje, til steking
- 1⅔ lb / 750 g Yukon Gold-poteter, skrellet, vasket og kuttet i ¾-tommers / 2 cm terninger
- 25 fedd hvitløk, uskrellet
- salt og nykvernet sort pepper

BRUKSANVISNING

a) Hell oljen i en stor, grunn panne eller nederlandsk ovn og sett på middels varme. Legg kyllingen flatt i pannen med skinnsiden ned og stek i 4 til 5 minutter til den er gyldenbrun. Smak til med paprika, gurkemeie, sukker, ¼ ts salt, en god kvernet sort pepper og 1½ ss sitronsaft. Snu kyllingen slik at skallet vender opp, tilsett løken i pannen og dekk med lokk. Reduser varmen til lav og kok i totalt ca. 1½ time; dette inkluderer tiden kyllingen tilberedes med potetene. Løft på lokket nå og da for å sjekke væskemengden i bunnen av kjelen. Tanken er at kyllingen skal koke og dampe i sin egen juice, men det kan hende du må tilsette litt kokende vann, bare slik at det alltid er 5 mm væske i bunnen av pannen.

b) Etter at kyllingen har stekt i ca. 30 minutter, hell solsikkeolje i en middels gryte til en dybde på 3 cm og plasser den over middels høy varme. Stek poteter og hvitløk sammen i noen omganger i ca 6 minutter per omgang, til de får litt farge og sprø. Bruk en hullsleiv til å løfte hver batch vekk fra oljen og over på papirhåndklær, og dryss deretter over salt.

c) Etter at kyllingen har kokt i 1 time, løfter du den opp av pannen og hell inn de stekte potetene og hvitløken, og rør dem med kokesaften. Legg kyllingen tilbake i pannen, legg den på toppen av potetene for resten av koketiden, det vil si 30 minutter. Kyllingen skal falle av beinet og potetene skal være bløtlagt i kokevæsken og helt myke. Drypp med resten av sitronsaften ved servering.

81. <u>Hannukah</u>Kofta B'siniyah

Gjør: 18 KOFTA

INGREDIENSER

- ⅔ kopp / 150 g lett tahinipasta
- 3 ss ferskpresset sitronsaft
- ½ kopp / 120 ml vann
- 1 middels fedd hvitløk, knust
- 2 ss solsikkeolje
- 2 ss / 30 g usaltet smør eller ghee (valgfritt)
- ristede pinjekjerner, til pynt
- finhakket flatbladpersille, til pynt
- søt paprika, til pynt
- salt

KOFTA

- 14 oz / 400 g malt lam
- 14 oz / 400 g malt kalvekjøtt eller biff
- 1 liten løk (ca. 5 oz / 150 g), finhakket
- 2 store fedd hvitløk, knust
- 7 ss / 50 g ristede pinjekjerner, grovhakket
- ½ kopp / 30 g finhakket flatbladpersille
- 1 stor middels varm rød chili, frøsådd og finhakket
- 1½ ts malt kanel
- 1½ ts malt allehånde
- ¾ ts revet muskatnøtt
- 1½ ts nykvernet sort pepper
- 1½ ts salt

BRUKSANVISNING

a) Ha alle kofta-ingrediensene i en bolle og bruk hendene til å blande alt godt sammen. Form nå til lange, torpedo-lignende fingre, omtrent 3¼ tommer / 8 cm lange (omtrent 2 oz / 60 g hver). Trykk på blandingen for å komprimere den og sikre at hver kofta er tett og holder formen. Legg på en tallerken og avkjøl til du er klar til å koke dem, i opptil 1 dag.

b) Forvarm ovnen til 425°F / 220°C. I en middels bolle, visp sammen tahinipasta, sitronsaft, vann, hvitløk og ¼ teskje salt. Sausen skal være litt renere enn honning; tilsett 1 til 2 ss vann om nødvendig.

c) Varm solsikkeoljen i en stor stekepanne over høy varme og stek koftaen. Gjør dette i partier så de ikke blir trange sammen. Brun dem på alle sider til de er gyldenbrune, ca 6 minutter per porsjon. På dette tidspunktet bør de være middels sjeldne. Løft ut av formen og legg på en bakeplate. Hvis du vil steke dem middels eller gjennomstekte, setter du bakeplaten i ovnen nå i 2 til 4 minutter.

d) Hell tahinisausen rundt koftaen slik at den dekker bunnen av pannen. Hvis du vil, ringle også litt over koftaen, men la noe av kjøttet stå eksponert. Sett i ovnen i et minutt eller to, bare for å varme opp sausen litt.

e) I mellomtiden, hvis du bruker smøret, smelt det i en liten kjele og la det brune litt, pass på at det ikke brenner seg. Hell smøret over koftaen så snart de kommer ut av ovnen. Dryss over pinjekjerner og persille og dryss deretter over paprikaen. Server med en gang.

82. Biffkjøttboller med Fava bønner og sitron

Gir: circa 20 KJØTTBALLER

INGREDIENSER
- 4½ ss olivenolje
- 2⅓ kopper / 350 g favabønner, ferske eller frosne
- 4 hele timiankvister
- 6 fedd hvitløk, i skiver
- 8 grønne løk, kuttet på skrå i ¾-tommers / 2 cm segmenter
- 2½ ss ferskpresset sitronsaft
- 2 kopper / 500 ml kyllingkraft
- salt og nykvernet sort pepper
- 1½ ts hver hakket flatbladpersille, mynte, dill og koriander til slutt

KJØTTBALLER
- 10 oz / 300 g kjøttdeig
- 5 oz / 150 g malt lam
- 1 middels løk, finhakket
- 1 kopp / 120 g brødsmuler
- 2 ss hver hakket flatbladpersille, mynte, dill og koriander
- 2 store fedd hvitløk, knust
- 4 ts baharat krydderblanding (kjøpt ellerse oppskrift)
- 4 ts malt spisskummen
- 2 ts kapers, hakket
- 1 egg, pisket

BRUKSANVISNING
a) Ha alle kjøttbolleingrediensene i en stor miksebolle. Tilsett ¾ ts salt og rikelig med sort pepper og bland godt med hendene. Form til baller av omtrent samme størrelse som pingpongballer. Varm 1 ss olivenolje på middels varme i en ekstra stor stekepanne som du har lokk til. Stek halvparten av kjøttbollene, snu dem til de er brune over det hele, ca 5 minutter. Ta ut, tilsett ytterligere 1½ ts olivenolje i pannen, og stek den andre satsen med kjøttboller. Fjern fra pannen og tørk den ren.

b) Mens kjøttbollene koker, kaster du fava-bønnene i en kjele med rikelig saltet vann og blancherer i 2 minutter. Tøm av og oppdater under kaldt vann. Fjern skallet fra halvparten av favabønnene og kast skallet.

c) Varm de resterende 3 ss olivenolje over middels varme i samme panne som du stekte kjøttbollene i. Tilsett timian, hvitløk og grønn løk og fres i 3 minutter. Tilsett de uskrellede fava-bønnene, 1½ ss sitronsaft, ⅓ kopp / 80 ml kraft, ¼ ts salt og rikelig med sort pepper. Bønnene skal være nesten dekket med væske. Dekk til pannen og kok på lav varme i 10 minutter.

d) Ha kjøttbollene tilbake i stekepannen med fava-bønnene. Tilsett resten av kraften, dekk til pannen og la det småkoke i 25 minutter. Smak på sausen og juster krydderet. Hvis den er veldig rennende, ta av lokket og reduser litt. Når kjøttbollene slutter å koke, vil de suge opp mye av saften, så sørg for at det fortsatt er rikelig med saus på dette tidspunktet. Du kan la kjøttbollene stå av varmen nå til de skal serveres.

e) Rett før servering, varm opp kjøttbollene og tilsett litt vann om nødvendig for å få nok saus. Tilsett de resterende urtene, den resterende 1 ss sitronsaft og de skrellede fava-bønnene og rør veldig forsiktig. Server umiddelbart.

83. Lammekjøttboller med barbær, yoghurt og urter

Gir: circa 20 KJØTTBALLER

INGREDIENSER
- 1⅔ lb / 750 g malt lam
- 2 mellomstore løk, finhakket
- ⅔ oz / 20 g flatbladpersille, finhakket
- 3 fedd hvitløk, knust
- ¾ ts malt allehånde
- ¾ ts malt kanel
- 6 ss / 60 g berberbær
- 1 stort frittgående egg
- 6½ ss / 100 ml solsikkeolje
- 1½ lb / 700 g banan eller annen stor sjalottløk, skrelt
- ¾ kopp pluss 2 ss / 200 ml hvitvin
- 2 kopper / 500 ml kyllingkraft
- 2 laurbærblader
- 2 timiankvister
- 2 ts sukker
- 5 oz / 150 g tørkede fiken
- 1 kopp / 200 g gresk yoghurt
- 3 ss blandet mynte, koriander, dill og estragon, grovt revet
- salt og nykvernet sort pepper

BRUKSANVISNING

a) Legg lam, løk, persille, hvitløk, allehånde, kanel, barbær, egg, 1 ts salt og ½ ts sort pepper i en stor bolle. Bland med hendene, og rull deretter til baller på størrelse med golfballer.

b) Varm en tredjedel av oljen over middels varme i en stor tykkbunnet kjele som du har tettsittende lokk til. Ha i noen kjøttboller og stek og snu dem rundt i noen minutter til de får farge over alt. Ta ut av kjelen og sett til side. Stek de resterende kjøttbollene på samme måte.

c) Tørk kjelen ren og tilsett den resterende oljen. Tilsett sjalottløken og stek den på middels varme i 10 minutter, rør ofte, til den er gyldenbrun. Tilsett vinen, la boble i et minutt eller to, og tilsett deretter kyllingkraft, laurbærblad, timian, sukker og litt salt og pepper. Ordne fiken og kjøttboller blant og på toppen av sjalottløken; kjøttbollene må nesten være dekket av væske. Kok opp, dekk med lokk, reduser varmen til veldig lav og la det småkoke i 30 minutter. Ta av lokket og la det småkoke i ca en time til, til sausen har redusert og intensivert i smak. Smak til og tilsett salt og pepper om nødvendig.

d) Overfør til et stort, dypt serveringsfat. Pisk yoghurten, hell på toppen og dryss med urter.

84. Kalkun- og zucchiniburgere med grønn løk og spisskummen

Lager: OM 18 BURGERE

INGREDIENSER
- 1 lb / 500 g malt kalkun
- 1 stor zucchini, grovt revet (2 kopper / 200 g totalt)
- 3 grønne løk, i tynne skiver
- 1 stort frittgående egg
- 2 ss hakket mynte
- 2 ss hakket koriander
- 2 fedd hvitløk, knust
- 1 ts malt spisskummen
- 1 ts salt
- ½ ts nykvernet sort pepper
- ½ ts kajennepepper
- ca 6½ ss / 100 ml solsikkeolje, for å brenne

RØRREM OG SUMAKSAUS
- ½ kopp / 100 g rømme
- ⅔ kopp / 150 g gresk yoghurt
- 1 ts revet sitronskall
- 1 ss ferskpresset sitronsaft
- 1 lite fedd hvitløk, knust
- 1½ ss olivenolje
- 1 ss sumak
- ½ ts salt
- ¼ ts nykvernet sort pepper

BRUKSANVISNING

a) Lag først rømmesausen ved å ha alle ingrediensene i en liten bolle. Rør godt og sett til side eller avkjøl til det trengs.

b) Forvarm ovnen til 425°F / 220°C. I en stor bolle kombinerer du alle ingrediensene til kjøttbollene bortsett fra solsikkeoljen. Bland med hendene og form deretter til ca. 18 burgere, som hver veier ca. 1½ oz / 45 g.

c) Hell nok solsikkeolje i en stor stekepanne til å danne et lag ca. 1/16 tomme / 2 mm tykt på pannebunnen. Varm opp på middels varme til de er varme, og stek deretter kjøttbollene i porsjoner på alle sider. Kok hver batch i ca. 4 minutter, tilsett olje etter behov, til den er gyldenbrun.

d) Overfør de sverte kjøttbollene forsiktig til en stekeplate dekket med vokspapir og sett i ovnen i 5 til 7 minutter, eller til de er akkurat gjennomstekt. Serveres varm eller i romtemperatur, med sausen over eller ved siden av.

85. <u>Polpettone</u>

Gjør: 8

INGREDIENSER
- 3 store frittgående egg
- 1 ss hakket flatbladpersille
- 2 ts olivenolje
- 1 lb / 500 g kjøttdeig
- 1 kopp / 100 g brødsmuler
- ½ kopp / 60 g usaltede pistasjnøtter
- ½ kopp / 80 g cornichons (3 eller 4), kuttet i ⅜-tommers / 1 cm biter
- 7 oz / 200 g kokt bifftunge (eller skinke), i tynne skiver
- 1 stor gulrot, kuttet i biter
- 2 selleristilker, kuttet i biter
- 1 timiankvist
- 2 laurbærblader
- ½ løk, i skiver
- 1 ts kyllingkraftbunn
- kokende vann, for å lage mat
- salt og nykvernet sort pepper

SALSINA VERDE
- 2 oz / 50 g flatbladede persillekvister
- 1 fedd hvitløk, knust
- 1 ss kapers
- 1 ss ferskpresset sitronsaft
- 1 ss hvitvinseddik
- 1 stort frittgående egg, hardkokt og skrelt
- ⅔ kopp / 150 ml olivenolje
- 3 ss brødsmuler, gjerne ferske
- salt og nykvernet sort pepper

BRUKSANVISNING

a) Start med å lage en flat omelett. Visp sammen 2 av eggene, hakket persille og en klype salt. Varm olivenoljen i en stor stekepanne (ca. 28 cm i diameter) over middels varme og hell i eggene. Kok i 2 til 3 minutter, uten å røre, til eggene har stivnet til en tynn omelett. Sett til side for å kjøle seg ned.

b) I en stor bolle blander du sammen biff, brødsmuler, pistasjnøtter, cornichons, det gjenværende egget, 1 ts salt og ½ ts pepper. Legg et stort rent kjøkkenhåndkle (det kan være lurt å bruke et gammelt du ikke har noe imot å bli kvitt; å rengjøre det vil være en liten trussel) over arbeidsflaten. Ta nå kjøttblandingen og fordel den på håndkleet, form den med hendene til en rektangulær skive, ⅜ tomme / 1 cm tykk og omtrent 12 x 10 inches / 30 x 25 cm. Hold kantene på kluten klare.

c) Dekk kjøttet med tungeskivene, og la det være 2 cm rundt kanten. Skjær omeletten i 4 brede strimler og fordel dem jevnt over tungen.

d) Løft kluten for å hjelpe deg med å rulle kjøttet innover fra en av de brede sidene. Fortsett å rulle kjøttet til en stor pølseform, bruk håndkleet for å hjelpe deg. Til slutt vil du ha et stramt, gelérullaktig brød, med kjøttdeigen på utsiden og omeletten i midten. Dekk brødet med håndkleet, pakk det godt inn så det er forseglet inni. Knyt endene med hyssing og stikk eventuelt overflødig tøy under stokken slik at du ender opp med en tett bundet bunt.

e) Plasser bunten i en stor panne eller nederlandsk ovn. Kast gulrot, selleri, timian, laurbær, løk og fond rundt brødet og hell over kokende vann så det nesten dekker det. Dekk kjelen med lokk og la det småkoke i 2 timer.

f) Ta brødet ut av pannen og sett det til side slik at noe av væsken kan renne av (posjeringskraften blir en flott suppebase). Etter ca. 30 minutter legger du noe tungt på toppen for å fjerne mer av saften. Når den når romtemperatur, setter du kjøttbrødet i kjøleskapet, fortsatt dekket med tøy, for å avkjøles grundig, 3 til 4 timer.

g) Til sausen, ha alle ingrediensene i en foodprosessor og puls til en grov konsistens (eller, for en rustikk look, hakk persille, kapers og egg for hånd og rør sammen med resten av ingrediensene). Smak til og juster krydderet.

h) For å servere, fjern brødet fra håndkleet, skjær i skiver 1 cm tykke og legg på en serveringsplate. Server sausen ved siden av.

86. Braisert egg med lam, tahini og sumak

Gjør: 4

INGREDIENSER
- 1 ss olivenolje
- 1 stor løk, finhakket (1¼ kopper / 200 g totalt)
- 6 fedd hvitløk, skåret i tynne skiver
- 10 oz / 300 g malt lam
- 2 ts sumac, pluss ekstra til slutt
- 1 ts malt spisskummen
- ½ kopp / 50 g ristede usaltede pistasjnøtter, knust
- 7 ss / 50 g ristede pinjekjerner
- 2 ts harissa pasta (kjøpt i butikk else oppskrift)
- 1 ss finhakket konservert sitronskall (kjøpt i butikk else oppskrift)
- 1⅓ kopper / 200 g cherrytomater
- ½ kopp / 120 ml kyllingkraft
- 4 store frittgående egg
- ¼ kopp / 5 g plukkede korianderblader, eller 1 ssZhoug
- salt og nykvernet sort pepper

YOGHURTSUS
- ½ kopp / 100 g gresk yoghurt
- 1½ ss / 25 g tahinipasta
- 2 ss ferskpresset sitronsaft
- 1 ss vann

BRUKSANVISNING
a) Varm olivenoljen over middels høy varme i en middels, tykkbunnet stekepanne som du har et tettsittende lokk til. Tilsett løk og hvitløk og fres i 6 minutter for å myke og farge litt. Hev varmen til høy, tilsett lammet og brun godt, 5 til 6 minutter. Smak til med sumak, spisskummen, ¾ ts salt og litt sort pepper og kok i ytterligere et minutt. Slå av varmen, rør inn nøttene, harissa og konservert sitron og sett til side.

b) Mens løken koker, varm opp en egen liten støpejern eller annen tung panne over høy varme. Når de er rykende varme, tilsett cherrytomatene og røye i 4 til 6 minutter, sleng dem i pannen av og til, til de er litt svarte på utsiden. Sette til side.

c) Tilbered yoghurtsausen ved å visp sammen alle ingrediensene med en klype salt. Den må være tykk og fyldig, men du må kanskje tilsette en skvett vann hvis den er stiv.

d) Du kan la kjøttet, tomatene og sausen stå på dette stadiet i opptil en time. Når du er klar til servering, varm opp kjøttet på nytt, tilsett kyllingkraften og kok opp. Lag 4 små brønner i blandingen og bryt et egg i hver brønn. Dekk til pannen og kok eggene på lav varme i 3 minutter. Legg tomatene på toppen, unngå plommene, dekk til igjen og stek i 5 minutter, til eggehvitene er kokte, men plommene fortsatt er rennende.

e) Ta av varmen og dryss med klatter av yoghurtsausen, dryss over sumac og avslutt med koriander. Server med en gang.

87. Saktekokt kalvekjøtt med svisker og purre

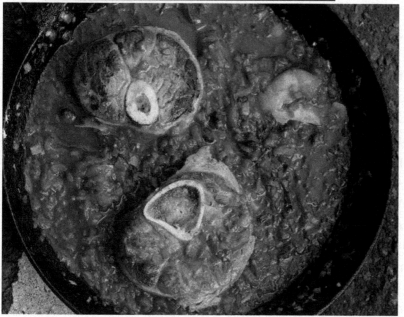

Gjør: 4 GENERØST

INGREDIENSER

- ½ kopp / 110 ml solsikkeolje
- 4 store osso buco-steker, på benet (omtrent 2¼ lb / 1 kg totalt)
- 2 store løk, finhakket (ca. 3 kopper / 500 g totalt)
- 3 fedd hvitløk, knust
- 6½ ss / 100 ml tørr hvitvin
- 1 kopp / 250 ml kylling- eller oksekraft
- en 14-oz / 400 g boks hakkede tomater
- 5 timiankvister, blader finhakket
- 2 laurbærblader
- skall av ½ appelsin, i strimler
- 2 små kanelstenger
- ½ ts malt allehånde
- 2 stjerneanis
- 6 store purre, kun hvit del (1¾ lb / 800 g totalt), kuttet i 1,5 cm skiver
- 7 oz / 200 g myke svisker, uthulet
- salt og nykvernet sort pepper
- Å SERVERE
- ½ kopp / 120 g gresk yoghurt
- 2 ss finhakket flatbladpersille
- 2 ss revet sitronskall
- 2 fedd hvitløk, knust

BRUKSANVISNING

a) Forvarm ovnen til 350°F / 180°C.

b) Varm 2 ss av oljen i en stor, tykkbunnet panne over høy varme. Stek kalvebitene i 2 minutter på hver side, brun kjøttet godt. Ha over i et dørslag for å renne av mens du forbereder tomatsausen.

c) Fjern det meste av fettet fra pannen, tilsett 2 ss til av oljen, og tilsett løk og hvitløk. Tilbake til middels høy varme og fres, rør av og til og skrap bunnen av kjelen med en tresleiv, i ca 10 minutter, til løken er myk og gyllen. Tilsett vinen, kok opp og la det småkoke i 3 minutter, til det meste har fordampet. Tilsett halvparten av kraften, tomatene, timian, laurbær, appelsinskall, kanel, allehånde, stjerneanis, 1 ts salt og litt sort pepper. Rør godt og kok opp. Tilsett kalvebitene i sausen og rør rundt.

d) Overfør kalvekjøttet og sausen til en dyp stekepanne på ca. 33 x 24 cm, og fordel den jevnt rundt. Dekk til med aluminiumsfolie og sett i ovnen i 2½ time. Sjekk et par ganger under kokingen for å sikre at sausen ikke blir for tykk og brenner seg rundt på sidene; du må nok tilsette litt vann for å forhindre dette. Kjøttet er klart når det løsner lett fra beinet. Løft kalvekjøttet fra sausen og legg det i en stor bolle. Når det er kjølig nok til å håndtere, plukker du alt kjøttet fra beina og bruker en liten kniv til å skrape ut all marg. Kast beinene.

e) Varm opp den resterende oljen i en egen stekepanne og brun purren godt over høy varme i ca 3 minutter, rør av og til. Hell dem over tomatsausen. Deretter, i pannen der du laget tomatsausen, bland sammen sviskene, den resterende kraften og trukket kjøtt og beinmarg og hell dette over purren. Dekk igjen med folie og fortsett å koke i en time til. Når du er ute av ovnen, smak til og smak til med salt og mer sort pepper om nødvendig.

f) Server varm, med kald yoghurt på toppen og drysset med en blanding av persille, sitronskall og hvitløk.

88. Hannukah Lamb shawarma

Gjør: 8

INGREDIENSER

- 2 ts sorte pepperkorn
- 5 hele nellik
- ½ ts kardemommebelger
- ¼ ts bukkehornkløverfrø
- 1 ts fennikelfrø
- 1 ss spisskummen frø
- 1 stjerneanis
- ½ kanelstang
- ½ hel muskatnøtt, revet
- ¼ ts malt ingefær
- 1 ss søt paprika
- 1 ss sumak
- 2½ ts Maldon havsalt
- 1 oz / 25 g fersk ingefær, revet
- 3 fedd hvitløk, knust
- ⅔ kopp / 40 g hakket koriander, stilker og blader
- ¼ kopp / 60 ml ferskpresset sitronsaft
- ½ kopp / 120 ml peanøttolje
- 1 lammelår med bein, ca. 5½ til 6½ lb / 2,5 til 3 kg
- 1 kopp / 240 ml kokende vann

BRUKSANVISNING

a) Ha de første 8 ingrediensene i en støpejernspanne og tørrstek på middels høy varme i et minutt eller to, til krydderne begynner å poppe og frigjøre aromaene. Pass på å ikke brenne dem. Tilsett muskatnøtt, ingefær og paprika, bland i noen sekunder til, bare for å varme dem, og overfør deretter til en krydderkvern. Bearbeid krydderne til et jevnt pulver. Overfør til en middels bolle og rør inn alle de resterende ingrediensene, bortsett fra lammet.

b) Bruk en liten, skarp kniv til å skjære lammelåret noen få steder, og lag åpninger på 1,5 cm dype gjennom fettet og kjøttet for å la

225

marinaden trenge inn. Legg i en stor stekepanne og gni marinaden over det hele. lammet; bruk hendene til å massere kjøttet godt. Dekk pannen med aluminiumsfolie og la stå i minst et par timer eller helst avkjøle over natten.

c) Forvarm ovnen til 325°F / 170°C.

d) Sett lammet i ovnen med fettsiden opp og stek i totalt ca 4½ time, til kjøttet er helt mørt. Etter 30 minutters steking, tilsett det kokende vannet i pannen og bruk denne væsken til å tråkle kjøttet hver time eller så. Tilsett mer vann etter behov, og pass på at det alltid er omtrent 0,5 cm i bunnen av pannen. De siste 3 timene, dekk lammet med folie for å unngå at krydderne brenner seg. Når det er ferdig, ta lammet ut av ovnen og la hvile i 10 minutter før skjæring og servering.

e) Den beste måten å servere dette på, er etter vår mening inspirert av Israels mest kjente shakshuka spisested (SE OPPSKRIFT), Dr Shakshuka, i Jaffa, eid av Bino Gabso. Ta seks individuelle pitabommer og pensle dem rikelig inni med et pålegg laget ved å blande sammen ⅔ kopp / 120 g hakkede hermetiske tomater, 2 ts / 20 g harissa-pasta, 4 ts / 20 g tomatpuré, 1 ss olivenolje og litt salt og pepper. Når lammet er klart, varm opp pitaene i en varm rillet stekepanne til de får fine røyemerker på begge sider. Skjær det varme lammet i skiver og skjær skivene i strimler på 1,5 cm. Legg dem høyt over hver varm pita, øs over litt av stekevæskene fra pannen, redusert, og avslutt med hakket løk, hakket persille og et dryss sumak. Og ikke glem den ferske agurken og tomaten. Det er en himmelsk rett.

89. Pannestekt havabbor med Harissa & Rose

Gjør: 2 TIL 4

INGREDIENSER

- 3 ss harissa pasta (kjøpt i butikk else oppskrift)
- 1 ts malt spisskummen
- 4 havabborfileter, ca. 1 lb / 450 g totalt, flådd og med stiftbein fjernet
- universalmel, til støvtørking
- 2 ss olivenolje
- 2 mellomstore løk, finhakket
- 6½ ss / 100 ml rødvinseddik
- 1 ts malt kanel
- 1 kopp / 200 ml vann
- 1½ ss honning
- 1 ss rosevann
- ½ kopp / 60 g rips (valgfritt)
- 2 ss grovhakket koriander (valgfritt)
- 2 ts små tørkede spiselige roseblader
- salt og nykvernet sort pepper

BRUKSANVISNING

a) Mariner først fisken. Bland sammen halvparten av harissa-pastaen, malt spisskummen og ½ ts salt i en liten bolle. Gni pastaen over hele fiskefiletene og la dem marinere i 2 timer i kjøleskapet.

b) Dryss filetene med litt mel og rist av overflødig. Varm olivenoljen i en vid stekepanne på middels høy varme og stek filetene i 2 minutter på hver side. Du må kanskje gjøre dette i to omganger. Sett fisken til side, la oljen stå i pannen, og tilsett løken. Rør mens du steker i ca 8 minutter, til løken er gylden.

c) Tilsett den resterende harissaen, eddiken, kanelen, ½ ts salt og rikelig med sort pepper. Hell i vannet, senk varmen og la sausen småkoke i 10 til 15 minutter, til den er ganske tykk.

d) Tilsett honning og rosevann i pannen sammen med rips, hvis du bruker, og la det småkoke i et par minutter til. Smak og juster krydderet og ha fiskefiletene tilbake i pannen; du kan overlappe dem litt hvis de ikke passer helt. Hell sausen over fisken og la dem varme opp i den kokende sausen i 3 minutter; du må kanskje tilsette noen spiseskjeer vann hvis sausen er veldig tykk. Server varm eller ved romtemperatur, drysset med koriander, hvis du bruker, og rosebladene.

90. Fisk- og kaperskebab med brent aubergine og sitronsyltelag

Gjør: 12 KEBABS

INGREDIENSER

- 2 mellomstore auberginer (omtrent 1⅔ lb / 750 g totalt)
- 2 ss gresk yoghurt
- 1 fedd hvitløk, knust
- 2 ss hakket flatbladpersille
- ca 2 ss solsikkeolje, til steking
- 2 tsRaske syltede sitroner
- salt og nykvernet sort pepper
- FISKE KEBABS
- 14 oz / 400 g hyse eller andre hvite fiskefileter, flådd og pinnebein fjernet
- ½ kopp / 30 g ferske brødsmuler
- ½ stort frittgående egg, pisket
- 2½ ss / 20 g kapers, hakket
- ⅔ oz / 20 g dill, hakket
- 2 grønne løk, finhakket
- revet skall av 1 sitron
- 1 ss ferskpresset sitronsaft
- ¾ ts malt spisskummen
- ½ ts malt gurkemeie
- ½ ts salt
- ¼ ts kvernet hvit pepper

BRUKSANVISNING

a) Start med aubergine. Brenn, skrell og tøm auberginekjøttet ved å følge instruksjonene iBrent aubergine med hvitløk, sitron og granateplefrøoppskrift. Når det er godt drenert, grovhakk kjøttet og ha det i en miksebolle. Tilsett yoghurt, hvitløk, persille, 1 ts salt og rikelig med sort pepper. Sette til side.

b) Skjær fisken i veldig tynne skiver, bare ca. 2 mm tykke. Skjær skivene i bittesmå terninger og ha i en middels miksebolle. Tilsett de resterende ingrediensene og rør godt. Fukt hendene og form blandingen til 12 bøffer eller fingre, ca. 45 g hver. Legg på en tallerken, dekk til med plastfolie og la stå i kjøleskapet i minst 30 minutter.

c) Hell nok olje i en stekepanne til å danne en tynn film på bunnen og sett på middels høy varme. Stek kebabene i porsjoner i 4 til 6 minutter for hver porsjon, snu til de er farget på alle sider og gjennomstekt.

d) Server kebabene mens de fortsatt er varme, 3 per porsjon, sammen med den brente auberginen og en liten mengde syltet sitron (forsiktig, sitronene har en tendens til å dominere).

91. Pannestekt makrell med gullbeter og appelsinsalsa

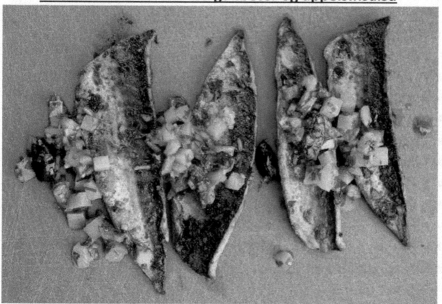

Gjør: 4 SOM STARTER

INGREDIENSER
- 1 ss harissa pasta (kjøpt i butikk else oppskrift)
- 1 ts malt spisskummen
- 4 makrellfileter (ca. 9 oz / 260 g totalt), med skinn
- 1 middels gylden bete (3½ oz / 100 g totalt)
- 1 middels oransje
- 1 liten sitron, halvert i bredden
- ¼ kopp / 30 g pitted Kalamata oliven, delt i kvarte på langs
- ½ liten rødløk, finhakket (¼ kopp / 40 g totalt)
- ¼ kopp / 15 g hakket flatbladpersille
- ½ ts korianderfrø, ristet og knust
- ¾ ts spisskummen frø, ristet og knust
- ½ ts søt paprika
- ½ ts chileflak
- 1 ss hasselnøtt eller valnøttolje
- ½ ts olivenolje
- salt

BRUKSANVISNING

a) Bland sammen harissa-pastaen, malt spisskummen og en klype salt og gni blandingen inn i makrellfiletene. Sett til side i kjøleskapet til den skal tilberedes.

b) Kok rødbeten i rikelig med vann i ca 20 minutter (det kan ta mye lenger tid, avhengig av sorten), til et spyd glir jevnt inn. La det avkjøles, skrell, kutt i terninger på 0,5 cm og legg i en miksebolle.

c) Skrell appelsinen og 1 sitronhalvdel, fjern all den ytre delen, og del dem i kvarte. Fjern mellommargen og eventuelle frø og skjær kjøttet i terninger på 0,5 cm. Legg til rødbeten sammen med oliven, rødløk og persille.

d) I en separat bolle blander du sammen krydderne, saften av den resterende sitronhalvdelen og nøtteoljen. Hell dette på bete- og appelsinblandingen, rør om og smak til med salt. Det er best å la salsaen stå i romtemperatur i minst 10 minutter for å la alle smakene blandes.

e) Rett før servering, varm olivenoljen i en stor stekepanne over middels varme. Legg makrellfiletene med skinnsiden ned i pannen og stek, snu én gang, i ca 3 minutter til de er gjennomstekt. Ha over på serveringsfat og hell salsaen på toppen.

92. Torskekaker i tomatsaus

Gjør: 4

INGREDIENSER

- 3 skiver hvitt brød, skorper fjernet (ca. 60 g totalt)
- 1⅓ lb / 600 g torsk, kveite, hake eller seyfilet, flådd og pinnebein fjernet
- 1 middels løk, finhakket (ca. 1 kopp / 150 g totalt)
- 4 fedd hvitløk, knust
- 1 oz / 30 g flatbladpersille, finhakket
- 1 oz / 30 g koriander, finhakket
- 1 ss malt spisskummen
- 1½ ts salt
- 2 ekstra store frittgående egg, pisket
- 4 ss olivenolje
- TOMATSAUS
- 2½ ss olivenolje
- 1½ ts malt spisskummen
- ½ ts søt paprika
- 1 ts malt koriander
- 1 middels løk, hakket
- ½ kopp / 125 ml tørr hvitvin
- en 14-oz / 400 g boks hakkede tomater
- 1 rød chili, frøsådd og finhakket
- 1 fedd hvitløk, knust
- 2 ts superfint sukker
- 2 ss mynteblader, grovhakket
- salt og nykvernet sort pepper

BRUKSANVISNING

a) Lag først tomatsausen. Varm opp olivenolje på middels varme i en veldig stor stekepanne som du har lokk til. Tilsett krydder og løk og stek i 8 til 10 minutter, til løken er helt myk. Tilsett vinen og la det småkoke i 3 minutter. Tilsett tomater, chili, hvitløk, sukker, ½ ts salt og litt sort pepper. La det småkoke i ca 15 minutter, til det er ganske tykt. Smak til for å justere krydderet og sett til side.

b) Mens sausen koker lager du fiskekakene. Legg brødet i en foodprosessor og kjør det til brødsmuler. Hakk fisken veldig fint og legg i en bolle sammen med brødet og alt annet, bortsett fra olivenolje. Bland godt sammen, og bruk deretter hendene til å forme blandingen til kompakte kaker som er omtrent 2 cm tykke og 8 cm i diameter. Du skal ha 8 kaker. Hvis de er veldig myke, sett i kjøleskap i 30 minutter for å stivne. (Du kan også legge til noen tørkede brødsmuler i blandingen, men gjør dette med måte; kakene må være ganske våte.)

c) Varm halvparten av olivenoljen i en stekepanne over middels høy varme, tilsett halvparten av kakene og stek i 3 minutter på hver side, til de har fått god farge. Gjenta med de resterende kakene og oljen.

d) Plasser de stekte kakene forsiktig side ved side i tomatsausen; du kan klemme dem litt så de passer alle sammen. Tilsett akkurat nok vann til å dekke kakene delvis (ca. 1 kopp / 200 ml). Dekk kjelen med lokk og la det småkoke på svært lav varme i 15 til 20 minutter. Slå av varmen og la kakene hvile uten lokk i minst 10 minutter før servering varm eller i romtemperatur, drysset med mynte.

93. Grillspyd med hawayej og persille

Gjør: 4 TIL 6

INGREDIENSER

- 2¼ lb / 1 kg faste hvite fiskefileter, som breiflabb eller kveite, flådd, pinnebein fjernet og kuttet i 1-tommers / 2,5 cm terninger
- 1 kopp / 50 g finhakket flatbladpersille
- 2 store fedd hvitløk, knust
- ½ ts chileflak
- 1 ss ferskpresset sitronsaft
- 2 ss olivenolje
- salt
- sitronbåter, til servering
- 15 til 18 lange bambusspyd, bløtlagt i vann i 1 time
- HAWAYEJ KRYDDERMIX
- 1 ts sorte pepperkorn
- 1 ts korianderfrø
- 1½ ts spisskummen frø
- 4 hele nellik
- ½ ts malt kardemomme
- 1½ ts malt gurkemeie

BRUKSANVISNING

a) Start med hawayej-blandingen. Legg pepperkorn, koriander, spisskummen og nellik i en krydderkvern eller morter og arbeid til det er finmalt. Tilsett malt kardemomme og gurkemeie, rør godt og overfør til en stor miksebolle.

b) Ha fisk, persille, hvitløk, chileflak, sitronsaft og 1 ts salt i bollen med hawayej-krydder. Bland godt med hendene, masser fisken i krydderblandingen til alle bitene er godt belagt. Dekk til bollen og la den helst marinere i kjøleskapet i 6 til 12 timer. Hvis du ikke kan spare den tiden, ikke bekymre deg; en time burde også være greit.

c) Sett en rillet stekepanne over høy varme og la stå i ca 4 minutter til den er varm. I mellomtiden trer du fiskebitene på spydene, 5 til 6 stykker på hver, og pass på at det er mellomrom mellom stykkene. Pensle fisken forsiktig med litt olivenolje og legg spydene på den varme takken i 3 til 4 omganger slik at de ikke er for tett sammen. Grill i ca 1½ minutt på hver side, til fisken er akkurat gjennomstekt. Alternativt kan du steke dem på en grill eller under en broiler, hvor det tar ca. 2 minutter på hver side å steke dem.

d) Server umiddelbart med sitronskivene.

94. Frikasse salat

Gjør: 4

INGREDIENSER
- 4 rosmarinkvister
- 4 laurbærblad
- 3 ss sorte pepperkorn
- ca. 1⅔ kopper / 400 ml ekstra virgin olivenolje
- 10½ oz / 300 g tunfiskbiff, i ett eller to stykker
- 1⅓ lb / 600 g Yukon Gold-poteter, skrellet og kuttet i ¾-tommers / 2 cm biter
- ½ ts malt gurkemeie
- 5 ansjosfileter, grovhakket
- 3 ss harissa pasta (kjøpt i butikk else oppskrift)
- 4 ss kapers
- 2 ts finhakket konservert sitronskall, (kjøpt i butikk else oppskrift)
- ½ kopp / 60 g sorte oliven, uthulet og halvert
- 2 ss ferskpresset sitronsaft
- 5 oz / 140 g konserverte piquillo-pepper (ca. 5 paprika), revet i grove strimler
- 4 store egg, hardkokte, skrellet og delt i kvarte
- 2 baby perle salat (omtrent 5 oz / 140 g totalt), blader separert og revet
- ⅔ oz / 20 g flatbladpersille, blader plukket og revet
- salt

BRUKSANVISNING
a) For å forberede tunfisken, legg rosmarin, laurbærblader og pepperkorn i en liten kjele og tilsett olivenolje. Varm opp oljen til rett under kokepunktet, når små bobler begynner å dukke opp. Tilsett forsiktig tunfisken (tunfisken må være helt dekket; hvis den ikke er det, varm opp mer olje og tilsett i pannen). Fjern fra varmen og la stå i et par timer uten lokk, dekk deretter pannen og avkjøl i minst 24 timer.

b) Kok potetene med gurkemeie i rikelig med saltet kokende vann i 10 til 12 minutter, til de er kokte. Tøm forsiktig, pass på at ingen av gurkemeievannet søler (flekkene er en smerte å fjerne!), og plasser i en stor miksebolle. Mens potetene fortsatt er varme, tilsett ansjos, harissa, kapers, konservert sitron, oliven, 6 ss / 90 ml av tunfiskkonserveringsoljen og noen av pepperkornene fra oljen. Bland forsiktig og la avkjøle.

c) Løft tunfisken fra den gjenværende oljen, del den i passe store biter og tilsett salaten. Tilsett sitronsaft, paprika, egg, salat og persille. Rør forsiktig, smak til, tilsett salt om det trenger det og eventuelt mer olje, server så.

95. Reker, kamskjell og muslinger med tomat og feta

Gjør: 4 SOM STARTER

INGREDIENSER
- 1 kopp / 250 ml hvitvin
- 2¼ lb / 1 kg muslinger, skrubbet
- 3 fedd hvitløk, i tynne skiver
- 3 ss olivenolje, pluss ekstra til slutt
- 3½ kopper / 600 g skrellede og hakkede italienske plommetomater (ferske eller hermetiske)
- 1 ts superfint sukker
- 2 ss hakket oregano
- 1 sitron
- 7 oz / 200 g tigerreker, skrellet og deveired
- 7 oz / 200 g store kamskjell (hvis veldig store, kutt i to horisontalt)
- 4 oz / 120 g fetaost, delt i ¾-tommers / 2 cm biter
- 3 grønne løk, i tynne skiver
- salt og nykvernet sort pepper

BRUKSANVISNING

a) Ha vinen i en middels kjele og kok til den er redusert med tre fjerdedeler. Tilsett muslingene, dekk umiddelbart med et lokk og kok over høy varme i ca. 2 minutter, rist pannen av og til til muslingene åpner seg. Overfør til en fin sil for å renne av, fange opp kokesaften i en bolle. Kast eventuelle muslinger som ikke åpner seg, og fjern deretter resten fra skjellene, og la noen få være igjen med skjellene for å fullføre retten, hvis du vil.

b) Forvarm ovnen til 475°F / 240°C.

c) I en stor stekepanne steker du hvitløken i olivenolje på middels høy varme i ca 1 minutt, til den er gylden. Tilsett forsiktig tomater, muslingvæske, sukker, oregano og litt salt og pepper. Barber av 3 skallstrimler fra sitronen, tilsett dem og la det småkoke i 20 til 25 minutter til sausen tykner. Smak til og tilsett salt og pepper etter behov. Kast sitronskallen.

d) Tilsett rekene og kamskjellene, rør forsiktig og stek i bare et minutt eller to. Brett inn de avskallede muslingene og ha alt over i en liten ildfast form. Senk fetabitene ned i sausen og strø over grønnløken. Topp med noen muslinger i skallet, hvis du vil, og sett i ovnen i 3 til 5 minutter, til toppen får litt farge og rekene og kamskjellene er akkurat stekt. Ta fatet ut av ovnen, press litt sitronsaft på toppen, og avslutt med en klatt olivenolje.

96. Laksesteker i Chraimeh-saus

Gjør: 4

INGREDIENSER
- ½ kopp / 110 ml solsikkeolje
- 3 ss universalmel
- 4 laksesteker, ca 1 lb / 950 g
- 6 fedd hvitløk, grovhakket
- 2 ts søt paprika
- 1 ss karvefrø, tørrristet og nykvernet
- 1½ ts malt spisskummen
- avrundet ¼ ts cayennepepper
- avrundet ¼ ts malt kanel
- 1 grønn chili, grovhakket
- ⅔ kopp / 150 ml vann
- 3 ss tomatpuré
- 2 ts superfint sukker
- 1 sitron, kuttet i 4 skiver, pluss 2 ss ferskpresset sitronsaft
- 2 ss grovhakket koriander
- salt og nykvernet sort pepper

BRUKSANVISNING

a) Varm 2 ss av solsikkeoljen over høy varme i en stor stekepanne som du har lokk til. Ha melet i en grunn bolle, krydre rikelig med salt og pepper, og sleng fisken i den. Rist av overflødig mel og stek fisken i et minutt eller to på hver side, til den er gylden. Fjern fisken og tørk pannen ren.

b) Plasser hvitløk, krydder, chili og 2 ss solsikkeolje i en foodprosessor og blend til en tykk pasta. Du må kanskje tilsette litt mer olje for å få alt sammen.

c) Hell resten av oljen i stekepannen, varm godt opp og tilsett krydderpastaen. Rør og stek i bare 30 sekunder, slik at krydderne ikke brenner seg. Tilsett raskt, men forsiktig (det kan spytte!) vannet og tomatpureen for å hindre at krydderne koker. La det småkoke og tilsett sukker, sitronsaft, ¾ ts salt og litt pepper. Smak til krydder.

d) Ha fisken i sausen, la det småkoke, dekk til pannen og stek i 7 til 11 minutter, avhengig av størrelsen på fisken, til den er akkurat ferdig. Ta kjelen av varmen, ta av lokket og la den avkjøles. Server fisken rett varm eller romtemperatur. Pynt hver porsjon med koriander og en sitronskive.

97. Marinert søt og sur fisk

Gjør: 4

INGREDIENSER
- 3 ss olivenolje
- 2 mellomstore løk, kuttet i 1 cm skiver (3 kopper / 350 g totalt)
- 1 ss korianderfrø
- 2 paprika (1 rød og 1 gul), halvert på langs, frø og kuttet i strimler ⅜ tomme / 1 cm brede (3 kopper / 300 g totalt)
- 2 fedd hvitløk, knust
- 3 laurbærblad
- 1½ ss karripulver
- 3 tomater, hakket (2 kopper / 320 g totalt)
- 2½ ss sukker
- 5 ss cider eddik
- 1 lb / 500 g sei, torsk, kveite, hyse eller andre hvite fiskefileter, delt i 4 like biter
- krydret universalmel, til støv
- 2 ekstra store egg, pisket
- ⅓ kopp / 20 g hakket koriander
salt og nykvernet sort pepper

BRUKSANVISNING

a) Forvarm ovnen til 375°F / 190°C.

b) Varm 2 ss olivenolje i en stor ildfast stekepanne eller nederlandsk ovn over middels varme. Tilsett løk og korianderfrø og stek i 5 minutter, rør ofte. Tilsett paprika og stek i ytterligere 10 minutter. Tilsett hvitløk, laurbærblader, karripulver og tomater, og stek i ytterligere 8 minutter, rør av og til. Tilsett sukker, eddik, 1½ ts salt og litt sort pepper og fortsett å koke i ytterligere 5 minutter.

c) Varm i mellomtiden den resterende 1 ss olje i en separat stekepanne over middels høy varme. Dryss fisken med litt salt, dypp i melet, deretter i eggene, og stek i ca 3 minutter, snu en gang. Overfør fisken til papirhåndklær for å absorbere overflødig olje, og legg deretter til pannen med paprika og løk, skyv grønnsakene til side slik at fisken sitter på bunnen av pannen. Tilsett nok vann til å senke fisken (ca. 1 kopp / 250 ml) i væsken.

d) Sett pannen i ovnen i 10 til 12 minutter, til fisken er stekt. Ta ut av ovnen og la avkjøles til romtemperatur. Fisken kan nå serveres, men den er faktisk bedre etter en dag eller to i kjøleskapet. Før servering, smak til og tilsett salt og pepper, om nødvendig, og pynt med koriander.

98. Rød pepper og bakte egggaletter

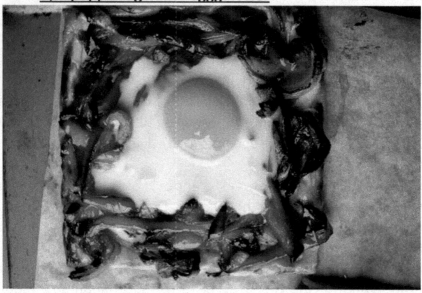

Gjør: 4

INGREDIENSER
- 4 mellomstore røde paprika, halvert, frøsådd og kuttet i strimler ⅜ tomme / 1 cm brede
- 3 små løk, halvert og kuttet i skiver ¾ tomme / 2 cm brede
- 4 timiankvister, blader plukket og hakket
- 1½ ts malt koriander
- 1½ ts malt spisskummen
- 6 ss olivenolje, pluss ekstra til slutt
- 1½ ss flatbladpersilleblader, grovhakket
- 1½ ss korianderblader, grovhakket
- 9 oz / 250 g smørdeig av beste kvalitet
- 2 ss / 30 g rømme
- 4 store frittgående egg (eller 160 g fetaost, smuldret), pluss 1 egg, lett pisket
- salt og nykvernet sort pepper

BRUKSANVISNING

a) Forvarm ovnen til 400°F / 210°C. I en stor bolle blander du sammen paprika, løk, timianblader, malte krydder, olivenolje og en god klype salt. Fordel utover i en stekepanne og stek i 35 minutter, rør om et par ganger under kokingen. Grønnsakene skal være myke og søte, men ikke for sprø eller brune, da de vil koke videre. Ta ut av ovnen og rør inn halvparten av de friske urtene. Smak til krydder og sett til side. Skru ovnen opp til 425°F / 220°C.

b) På en lett melet overflate ruller du ut butterdeigen til en 12-tommers / 30 cm firkant ca. ⅛ tomme / 3 mm tykk og kutt i fire 6-tommers / 15 cm firkanter. Prikk rutene over det hele med en gaffel og legg dem med god avstand på en bakepapirkledd stekeplate. La hvile i kjøleskapet i minst 30 minutter.

c) Ta deigen ut av kjøleskapet og pensle toppen og sidene med sammenvispet egg. Bruk en forskjøvet slikkepott eller baksiden av en skje, fordel 1½ ts rømme over hver firkant, og la en ¼-tommers / 0,5 cm kant rundt kantene. Plasser 3 ss av pepperblandingen på toppen av rutene med rømme, og la kantene stå klare til heving. Den bør fordeles ganske jevnt, men la det være en grunn brønn i midten for å holde på et egg senere.

d) Stek galettene i 14 minutter. Ta bakeplaten ut av ovnen og knekk forsiktig et helt egg ned i brønnen i midten av hvert bakverk. Sett tilbake i ovnen og stek i ytterligere 7 minutter, til eggene akkurat er stivnet. Dryss over svart pepper og de resterende urtene og drypp over olje. Server med en gang.

99. Hannukah Murstein

Gjør: 2

INGREDIENSER
- ca 1 kopp / 250 ml solsikkeolje
- 2 sirkler feuilles de mursteindeig, 10 til 12 tommer / 25 til 30 cm i diameter
- 3 ss hakket flatbladpersille
- 1½ ss hakket grønn løk, både grønne og hvite deler
- 2 store frittgående egg
- salt og nykvernet sort pepper

BRUKSANVISNING

a) Hell solsikkeoljen i en middels kjele; den skal komme ca ¾ tomme / 2 cm opp på sidene av pannen. Sett på middels varme og la stå til oljen er varm. Du vil ikke ha det for varmt ellers vil bakverket brenne seg før egget er kokt; små bobler vil begynne å dukke opp når den når riktig temperatur.

b) Legg en av deigsirklene i en grunn bolle. (Du kan bruke et større stykke hvis du ikke vil kaste bort mye bakverk og fylle det opp mer.) Du må jobbe raskt slik at deigen ikke tørker ut og blir stiv. Ha halvparten av persillen i midten av sirkelen og dryss over halvparten av den grønne løken. Lag et lite rede hvor du kan hvile et egg, og knekk deretter forsiktig et egg inn i reiret. Dryss rikelig med salt og pepper og brett inn sidene av bakverket for å lage en pakke. De fire foldene vil overlappe hverandre slik at egget er helt innelukket. Du kan ikke forsegle bakverket, men en pen fold skal holde egget inne.

c) Snu pakken forsiktig og legg den forsiktig i oljen med forseglingssiden ned. Stek i 60 til 90 sekunder på hver side, til deigen er gyldenbrun. Eggehviten skal være stivnet og plommen fortsatt rennende. Løft den kokte pakken fra oljen og legg den mellom papirhåndklær for å suge opp overflødig olje. Hold deg varm mens du koker det andre bakverket. Server begge pakkene samtidig.

100. <u>Sfiha eller Lahm Bi'ajeen</u>

Gir: OM 14 BAKKER

TOPPING

INGREDIENSER
- 9 oz / 250 g malt lam
- 1 stor løk, finhakket (1 dyngekopp / 180 g totalt)
- 2 mellomstore tomater, finhakkede (1½ kopper / 250 g)
- 3 ss lett tahinipasta
- 1¼ ts salt
- 1 ts malt kanel
- 1 ts malt allehånde
- ⅛ ts kajennepepper
- 1 oz / 25 g flatbladpersille, hakket
- 1 ss ferskpresset sitronsaft
- 1 ss granateplemelasse
- 1 ss sumak
- 3 ss / 25 g pinjekjerner
- 2 sitroner, kuttet i terninger

DEIG
- 1⅔ kopper / 230 g brødmel
- 1½ ss melkepulver
- ½ ss salt
- 1½ ts hurtigstigende aktiv tørrgjær
- ½ ts bakepulver
- 1 ss sukker
- ½ kopp / 125 ml solsikkeolje
- 1 stort frittgående egg
- ½ kopp / 110 ml lunkent vann
- olivenolje, til børsting

BRUKSANVISNING

a) Start med deigen. Ha mel, melkepulver, salt, gjær, bakepulver og sukker i en stor miksebolle. Rør godt for å blande, og lag deretter en brønn i midten. Ha solsikkeoljen og egget i brønnen, og rør så mens du tilsetter vannet. Når deigen kommer sammen, overfører du den til en arbeidsflate og elter i 3 minutter, til den er elastisk og jevn. Ha i en bolle, pensle med litt olivenolje, dekk til med et håndkle på et lunt sted, og la stå i 1 time, da skal deigen ha hevet litt.

b) I en separat bolle, bruk hendene til å blande sammen alle topping-ingrediensene bortsett fra pinjekjerner og sitronbåter. Sette til side.

c) Forvarm ovnen til 450°F / 230°C. Kle en stor stekeplate med bakepapir.

d) Del den hevede deigen i 2-oz / 50g baller; du bør ha ca. 14. Rull ut hver ball til en sirkel på ca. 5 tommer / 12 cm i diameter og 2 mm tykk. Pensle hver sirkel lett på begge sider med olivenolje og legg på bakepapiret. Dekk til og la heve i 15 minutter.

e) Bruk en skje til å dele fyllet mellom bakverkene, og fordel det jevnt slik at det dekker deigen helt. Dryss over pinjekjernene. Sett til heving i ytterligere 15 minutter, og sett deretter i ovnen i ca. 15 minutter, til den akkurat er gjennomstekt. Du vil sørge for at bakverket bare er bakt, ikke overbakt; toppingen skal være litt rosa inni og deigen gyllen på undersiden. Ta ut av ovnen og server varm eller romtemperatur med sitronbåtene.

KONKLUSJON

Hanukkah-oppskrifter er en viktig del av feiringen av denne spesielle høytiden. De bringer familier og venner sammen for å nyte deilige, tradisjonelle retter som har gått i arv gjennom generasjoner. Fra sprø latkes til søt sufganiyot, disse oppskriftene er fulle av smak og symbolikk. De representerer oljens mirakel, varmen fra familiesammenkomster og gleden ved å feire en høytid gjennomsyret av tradisjon. Enten du feirer Hanukkah eller bare ønsker å prøve noe nytt, er disse oppskriftene en fantastisk måte å oppleve rikdommen og dybden i jødisk kultur og mat.